PROLOGUE

世界にたったひとつ、ふたりらしいウエディングの作り方

ふたりには、それぞれが歩んできた人生があります。
支えてくれたたくさんの大切な人たちとの出会いがあります。
これから歩みを進めるふたりだけの道があります。

まずは、今までの歩みを振り返ってみてください。
ふたりが今を迎えることができたのは、たくさんの人たちとの出会いと、
その方々から注がれた愛情のおかげではないでしょうか。

カップルの数だけ、歩む人生の数だけ、そのスタイルがあるはずです。
私自身、ウエディングのディレクションをしていくたびに改めてそのことを感じています。
花嫁になる女性には、必ず運命のドレスが存在して、輝きを放つヘアメイクがあって……。
そして結婚を約束したふたりはみな、それぞれが伝えたい想いを持っていて……。

「今までどうもありがとう」「これからもどうぞよろしく」大切な人たちへの感謝の気持ちを届け、
ふたりで歩む人生への決意を示すウエディング。
人生にはふたつと同じものがないのだから、それを映し出すウエディングも世界にたったひとつだけのものであるはずです。

そんな気持ちから、このレッスンブックを作りました。
迷った時は、ふたりで決めたテーマ＆カラーを確認すること。
そしてゲストの方々の顔を思い浮かべて、ゲストが喜ぶ方法を選びましょう。
大切なことは、ゲストにふたりの想いを届けることです。

それぞれのレッスン毎に作ったノートには、
ふたりのウエディングのイメージをコラージュしたり、アイデアを書き込んでください。
それは当日を迎えた後も、ふたりのメモリアルブックになるはずです。

日本中に、ふたりらしい「スマイルウエディング」がたくさん生まれていくことを心から願っています。

CONTENTS
目次

03 PROLOGUE
プロローグ
世界にたったひとつ、ふたりらしいウエディングの作り方

06 FIRST THINGS FIRST
最初に考えてほしい大切なこと

08 MY SCHEDULE
スケジュールを書き込みましょう

Lesson 1

10 WEDDING INVITATION
招待状をつくる

Lesson 2

18 STYLING FOR BRIDES
ブライズスタイリング

- **20** フラワー
- **24** ヴェール
- **26** ヘッドアクセサリー
- **28** ジュエリー
- **32** アンティーク
- **36** ビビッド
- **40** キモノ
- **44** マイウエディングノート
  〜ブライズスタイリング〜

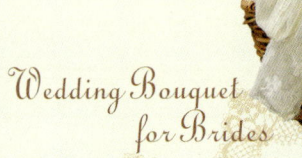

Lesson 3

49 FLOWER COORDINATE WITH COLOR
カラー別フラワーコーディネート

- 50 ピンクパレット
- 56 グリーンパレット
- 62 パープル&レッドパレット
- 68 ホワイトパレット
- 74 オレンジ&イエローパレット
- 80 マイウエディングノート ～フラワーコーディネート～

Lesson 4

83 THEME & KEY ITEMS FOR WEDDING
ウエディングテーマ&キーアイテム

- 84 エコグリーンウエディング
- 90 アンティークスウィートウエディング
- 96 オリエンタルモダンウエディング
- 102 リゾートガーデンウエディング
- 108 マイウエディングノート ～テーマを伝えるキーアイテム～

Lesson 5

110 HANDMADE ITEMS
ハンドメイドアイテム

Lesson 6

116 SURPRISE IDEAS FOR GUESTS
ゲストへのサプライズアイデア

- 118 "スマイルウエディング"のディレクション
- 126 ショップリスト

First Things First

— 最初に考えてほしい大切なこと —

結婚式の準備。
お世話になったゲストに喜んでもらえるウエディングになるように、
一番最初にだいたいの顔ぶれを決めておくことが大切です。
そして、具体的な打ち合わせが始まる前までには、
ふたりのウエディングのテーマ＆カラーを決めておきましょう。

1 招待ゲストの顔ぶれ＆人数

「どんな方々をお招きして何名くらいの規模のウエディングにするのか」を考えましょう。

新郎側　□親族（　　　）名　□友人（　　　）名　□会社（　　　）名　□その他（　　　）名　計約（　　　）名
新婦側　□親族（　　　）名　□友人（　　　）名　□会社（　　　）名　□その他（　　　）名　計約（　　　）名

2 ロケーション＆雰囲気

家族だけで海辺のリゾートウエディング、大切な友人と、お気に入りのレストランでスモールパーティ、
お世話になった沢山の方々をお招きしてラグジュアリーなホテルウエディング……。
招待するゲストの顔ぶれに合わせて、ロケーションを選びましょう。

どんな場所で？

どんな雰囲気で？

3 ウエディングデー

ウエディングデーはこれからのふたりに毎年訪れる大切な記念日になります。
誕生日にあわせたり、好きなお花の季節を選んだり……
大切な日にもうひとつ意味が重なると、毎年の記念日がずっと素敵なものになるでしょう。

ウエディングデー　　　　　　年　　　　　月　　　　　日（　　　）

4 テーマ＆カラーを決めましょう

好きな色、季節、思い出の場所、大切な人……。ヒントはふたりの中にあります。
「桜＆ピンク」「海＆ブルー」「ハロウィン＆オレンジ」……。
テーマ＆カラーが決まれば、ウエディングをトータルでコーディネートしていけます。
それはテーブルのアレンジだけのことではありません。
招待状のデザイン、お料理、ドリンク、ウエディングケーキ、引き出物など
結婚式の準備は決めることや選ぶものがとてもたくさんあります。
それぞれを選ぶタイミングも異なるので、
その都度「好き」や「かわいい」だけでセレクトしていくと、
まとまりのないウエディングになってしまうこともあります。
まずは、テーマ＆カラーを決めて、
アイテム選びやコーディネートで表現していくことが大切です。

Wedding Theme
ウエディングテーマ

いろいろな要素から、ふたりだけのウエディングテーマを探してみましょう。

Q1　ふたりの出会いのきっかけは？　　　（　　　　　　　　　　　　　　　　　　　　　　　　）
Q2　ふたりの好きなことは？　　　　　　（新郎　　　　　　　　　　）（新婦　　　　　　　　　　）
Q3　共通の趣味は？　　　　　　　　　　（　　　　　　　　　　　　　　　　　　　　　　　　）
Q4　結婚式をする季節は？　　　　　　　（　　　　　　　　　　　　　　　　　　　　　　　　）

ふたりのウエディングテーマ
....

Theme Color
テーマ カラー

ふたりの好きな色や花、季節などから、テーマカラーをみつけてください。

Q1　ふたりの好きな色は？　　　　　　　（新郎　　　　　　　　　　）（新婦　　　　　　　　　　）
Q2　ふたりの好きな季節は？　　　　　　（新郎　　　　　　　　　　）（新婦　　　　　　　　　　）
Q3　ウエディングテーマに合いそうな色は？（　　　　　　　　　　　　　　　　　　　　　　　）
Q4　好きな花は？　　　　　　　　　　　（　　　　　　　　　　　　　　　　　　　　　　　　）

テーマカラー
....

My Schedule

― スケジュールを書き込みましょう ―

会場が決まったら、当日までのスケジュールを確認しましょう。
何をいつまでに決めるのかを把握しておくと、
不安にならず、あせらないで準備をすることができます。
打ち合わせの日程やショップ名などを書いておきましょう。

Dress Styling
ドレススタイリング

スタイリングで最も大切なのは、小物選びとヘアメイクです。
同じドレスでも、合わせる小物やヘアメイクによって、全く違う表情をみせます。
フラワーや、アクセサリー、ヴェールを多彩に使ってあなたらしいスタイルをみつけましょう。

STEP1	ドレス選び (約1年前～4ヶ月前)	DATE	年　月　日　～	☐
	ショップ名			

STEP2	エステの開始 (約6ヶ月前～4ヶ月前)	DATE	年　月　日　～	☐
	ショップ名			

STEP3	小物 (ヴェール・グローブ・アクセサリー) 選び (約2ヶ月前)	DATE	年　月　日	☐
	ショップ名			

STEP4	ブーケの打ち合わせ (約1ヶ月前)	DATE	年　月　日	☐
	ショップ名			

STEP5	ヘアメイクリハーサル (約1ヶ月前)	DATE	年　月　日	☐
	ショップ名			

STEP6	最終サイズあわせ (約1ヶ月前～当日)	DATE	年　月　日	☐

STEP7	エステの仕上げ	DATE	年　月　日	☐

Table Coordinate
テーブルコーディネート

フラワーアレンジ、テーブルクロス、ナフキン、ネームカードをトータルでコーディネートして、ふたりのテーマ＆カラーを表現しましょう。パーティが始まるまでの時間は意外と長く感じるものです。ゲストのプレートに季節のフルーツやテーマカラーのスウィーツを添えておくととても喜ばれます。

STEP 1 テーブルフラワーの打ち合わせ（約2ヶ月前〜1ヶ月前）　　DATE　年　月　日　〜　☐
ショップ名

STEP 2 テーブルクロス＆ナフキンの打ち合わせ（約2ヶ月前〜1ヶ月前）　　DATE　年　月　日　☐
ショップ名

STEP 3 ネームカード＆メッセージカードの作成（約1ヶ月前〜2週間前）　　DATE　年　月　日　☐
ショップ名

Party Program
パーティプログラム

パーティのプログラムは、できるだけたくさんのフリータイムをとっておくことをおすすめします。ゲストが最も楽しい時間は、ふたりとお話ししたり、写真を撮ったりできるフリータイムなのです。すべてのゲストに直接感謝の気持ちを伝えられるといいですね。

STEP 1 進行内容の打ち合わせ（約2ヶ月前）　　DATE　年　月　日　〜　☐
ショップ名

STEP 2 スピーチ・余興の依頼（約2ヶ月前〜1ヶ月前）　　DATE　年　月　日　☐
依頼する人

STEP 3 BGM選び（約1ヶ月前〜2週間前）　　DATE　年　月　日　☐

STEP 4 MCと最終の打ち合わせ（約1ヶ月前〜2週間前）　　DATE　年　月　日　☐
司会者名

Wedding Items
ウエディングアイテム

テーマカラーのウェルカムドリンクやオリジナルのお料理をオーダーしたり、引き出物もテーマカラーのものを選んだり……。事前に決めたテーマ＆カラーでアイテムを選びましょう。パーティが始まる前からゲストが自宅で引き出物のラッピングを開けるまで、ウエディングをトータルでコーディネートできます。

STEP 1 招待状の作成（約4ヶ月前〜3ヶ月前）　　DATE　年　月　日　〜　☐
ショップ名

STEP 2 お料理・ドリンクメニュー決定（約2ヶ月前〜1ヶ月前）　　DATE　年　月　日　〜　☐

STEP 3 引き出物・引き菓子・お見送りのプチギフト選び（〜約2ヶ月前）　　DATE　年　月　日　☐
ショップ名

STEP 4 記念写真・アルバム・ビデオのオーダー（〜約1ヶ月前）　　DATE　年　月　日　☐
ショップ名

STEP 5 ウエルカムボードの用意（〜約2週間前）　　DATE　年　月　日　☐

STEP 6 リングピローの用意（〜約2週間前）　　DATE　年　月　日　☐

Lesson 1
Wedding Invitation

招待状をつくる

第一印象を大切に

結婚式の3〜4ヶ月前、最初に準備を始めるのが招待状です。2ヶ月前に発送して、1ヶ月前を返信日に指定するのが一般的。ふたりのウエディングの第一印象を決める、とても大切なアイテムです。ウエディングのプログラムや、テーブルコーディネートなど、他のアイテムを具体的に決めていくのは1〜2ヶ月前。だから、「招待状だけウエディングのイメージと違った」ということがないように、この時までにコンセプトやテーマ、カラーを決めておいてほしいのです。当日のフラワーアレンジの香りをしのばせたり、テーマカラーを身につけてきてもらったり、男性ゲストには蝶ネクタイを指定したり、ドレスコードを知らせたり。ふたりらしいパーティを予感させるエッセンスを一緒に送るとゲストの期待が膨らみます。

Love

Mrs. William Ba...
pleasure of your co...
...riage of their daughter
Nayantara
— to —
Richard Mehta
...e twentieth of October
...housand twelve
...even o'clock
...um of Natural Histor...
...nta, Georgia

No. 1

"LOVE"のメッセージを
インヴィテーションにのせて

ストレートなメッセージだけどシンプルな
デザインなのでスタイリッシュに決まります。

クレイン×マーサ・スチュワート
CALLIGRAPHY LOVE インヴィテーションカード
100set ¥110,250〜【参考価格】／銀座・伊東屋

No. 1

No. 3

No. 2

シャクヤクの花を大胆にデザイン
したスウィートな招待状

春の香りまでも一緒に運んできそうな季節を
感じられるデザインが何ともスウィート！

クレイン×マーサ・スチュワート
PEONY インヴィテーションカード 100set
¥139,650〜【参考価格】／銀座・伊東屋

No. 3

送る人のイメージに合わせて
カラーをセレクト

カラフルなカラーリングがかわいいミニカード。
ひと言メッセージや新居のご案内などをプチ
カードに添えて。

クレイン×ケイト スペード ミニカード4色各25set
(計100枚) ¥60,900〜【参考価格】／銀座・伊東屋

No. 2

No. **4**

笑顔こぼれるサプライズ！

ゲストをお迎えするにあたって、ウェルカムメッセージをこんなかわいいオブジェケーキに。『HELLO』の文字にパーティの始まりから笑顔がこぼれることまちがいなし！

クレイン×ケイト スペード　ミニカード HELLO 100set
¥51,975～【参考価格】／銀座・伊東屋

№ 5

ケイト スペードならではの
ポップでチャーミングなペーパーアイテム

受け取ったゲストもハッピーな気分に。
ガーデンパーティにぴったりなデザイン。

クレイン×ケイト スペード
インヴィテーションカード 100set ¥138,600〜、レスポンスカード
100set ¥106,050〜、ミニカード 100set ¥51,975〜【全て参考価格】
／銀座・伊東屋

No. 6
やわらかな大人の上質感

クレイン社のカードはコットン１００％の素材で手にした時のやわらかさが上質感を伝えます。品質にこだわったペーパーアイテムは、受け取ったゲストに大人のパーティを予感させます。

クレイン インヴィテーションカード 100set ￥102,900〜、レスポンスカード 100set ￥89,250〜、サンキューカード 100set ￥77,700〜【全て参考価格】／銀座・伊東屋

No. 7
ピュアでさわやかな気取らないデザイン

シダをデザインした、さわやかでネイチャー感あふれるインヴィテーション。緑いっぱいのリゾートウエディングにふさわしいデザイン。

クレイン×マーサ・スチュワート
MAIDENHAIR FERN インヴィテーションカード 100set
￥139,650〜【参考価格】／銀座・伊東屋

№. 8
"幸せの鳥"のあったかいテイストに惹かれて

ゴールドのラッピングを開くと、仲睦まじい鳥がデザイン
されたハートウォーミングなインヴィテーションが。コットン
100％の紙なので、環境に優しく、森林を守ります。

クレイン×マーサ・スチュワート
NESTING BIRDS インヴィテーションカード 100set
¥140,700～【参考価格】／銀座・伊東屋

No.9 自慢したくなる大胆なカラーリング

グリーンの鮮やかさが、ブラックのストライプと対比されてはっとするデザインのインヴィテーション。スクエアのかたちもかわいい。直筆のメッセージを添えても素敵!

クレイン×ケイト スペード
インヴィテーションカード 100set ￥130,200〜、
レスポンスカード 100set ￥95,550〜【全て参考価格】／銀座・伊東屋

No.10 リボン使いがクチュール感たっぷり

細部まで手を抜かない大人ウエディングのふたりには洗練されたフォーマル感漂うこんなインヴィテーションはいかが? ブラックのリボン使いがクラシカルなトワイライトパーティのお誘いにお似合い。

クレイン×マーサ・スチュワート
SCROLL WREATH インヴィテーションカード 100set ￥109,200〜【参考価格】／銀座・伊東屋

ウエディングドレス、アクセサリー／THE TREAT DRESSING

Lesson 2
Styling for Brides
ブライズスタイリング

Styling with
- I　FLOWER
- II　VEIL
- III　HEAD ACCESSORY
- IV　JEWELRY
- V　ANTIQUE
- VI　VIVID
- VII　KIMONO

もっと自由にあなたらしく

ドレス選びは、ウエディングの準備の中で最も幸せな時間。運命の一着に出会ったら、そのドレスを軸にして、自由にあなたらしくスタイリングしていきましょう。ヘアスタイル・メイク・ヴェール・アクセサリー・ブーケ・シューズ……。同じドレスでも、スタイリングによって全く印象を変えるもの。挙式で使ったヴェールをパーティではヘアアクセサリーに、ネックレスをカチューシャに、お気に入りのバッグにインテリアフラワーをつけてオリジナルのバッグブーケに……。いつものおしゃれを楽しむように、ウエディングのスタイリングを楽しんでください。

I
Styling with FLOWER
フラワーのスタイリング

花びらを幾重にもたたえたフラワーを少し大胆にバランスよくあしらって
甘い香りに包まれた優美なブライズスタイル

No. 1
Rose Corsage

砂糖菓子のような甘いカラーがスウィートな
バラのヘッドパーツ。両サイドにたくさんの
花をあしらったら前髪もポンパドール風に
ボリュームをつけてバランスをとって。
みんなに愛されることまちがいなし。

ヘッドパーツ　花材：バラ／MINI et MAXI
撮影場所：VILLA DOUX Inter Park

No. 3
Head Corsage
リボンやレースがガーリーな印象の
フラワーコサージュ。自分で用意した
素材にコサージュをつけるだけなので、
イメージ通りの自分だけのアクセサリーに。
花材：バラ、秋色アジサイ／MINI et MAXI

No. 4
Head Dress
おしゃれ心をくすぐるクラシカルなヘッド
ドレス。シンプルなデザインに生花を
プラスすることでより甘い味付けに。
ヘッドドレス　花材：トルコキキョウ
／MINI et MAXI

Styling with FLOWER FOR BRIDES

No. 2
Rose Corsage
ヘッドパーツのつけ方に注目！ポイントで
つけるのではなく頭全体を埋め尽くす
ほど大胆に。キュートだけどモードを
感じられる味付けがおしゃれ。
花材：バラ、トルコキキョウ、クリスマスローズ
／日比谷花壇

No. 5
Rose Bouquet
たくさんの明るいピンクのバラをグラ
デーションにしたかわいくて贅沢なロー
ズブーケ。微妙な色の違いや組み合わ
せで全く印象が変わるので、細部ま
でこだわりたい。
花材：バラ、アジサイ／MINI et MAXI

No. 6
Head & Bouquet
ブーケとヘッドパーツの花材を必ずしも
同じにしなくても色みを合わせればOK！
そのかわりバランスを考えてヘッドパーツ
には小花をセレクト。可憐な花嫁に。
花材：ヘッドパーツ＝アジサイ　ブーケ＝バラ、
シャクヤク、クリスマスローズ、アジサイ

No. 7
Antique Bouquet
微妙な色合いが美しい秋色アジサイや
紅茶色のバラなどアンティークなカラーの
バラは大人のスウィートモード。上品な
小物で合わせたい。
靴／BENIR　花材：バラ、秋色アジサイ

No. 8
Mimosa Wreath

永遠の乙女のイメージのピュアな花冠は
ミモザオンリーで。ヴェールのうえから
冠にして、ナチュラルスタイルで。

花材：ミモザ／MINI et MAXI

No. 9
Colorful Flower

色とりどりのお花を華やかなヘッドリース
にして。ガーデンパーティでチャレンジ
したいヘアアレンジ。デコルテがすっきり
としたビスチェタイプのドレスがおすすめ。

花材：バラ、バンダ、シンビジューム、ヒペリカム、
トルコキキョウ、アンスリューム、ホワイトスター
／藤本生花店

No. 10
Green & Purple Wreath

高貴で神秘的なイメージを持つシンビ
ジュームのコーディネート。パープルの
カラーがノスタルジックな香りを運ぶ。
ダウンヘアに合わせて飾らない自然な
雰囲気に。

花材：シンビジューム、カラー、ベアグラス

Styling with FLOWER FOR BRIDES

No. 11
A Flower for Hair

花嫁の美しさを引きたてる大輪のフラワー
たち。貴婦人のようなクラシックヘアは
ふんわりとフェミニンに。テーマカラーに
合わせて、フラワーをチョイス。

1. バラ
2. アジサイ（ハイドランジア）
3. バンダ
4. シャムロック
5. ダリア
6. シャクヤク（ピオニー）
7. バラ（アンジェリークロマンチカ）

1 Rose
2 Hydrange
3 Vanda
4 Shamrock
5 Dahlia
6 Peony
7 Angerique Romantica

No. 12
White Corsage

永遠の白、エターナルホワイト。優美な
胡蝶蘭のヘッドパーツはダブル使いや
高い位置につけるとキュートさがプラス
されます。つける位置を工夫してなりたい
イメージに近づけて。

花材：胡蝶蘭、カトレア／日比谷花壇

No. 13
Antique Purple for Bouquet

装飾的な流れるようなレースが施された
ドレス、パープルのレトロシックなデザ
インのブーケに合わせてヘアはアール
ヌーヴォーのアルフォンス・ミュシャの
甘美な世界を再現して。

花材：バラ、秋色アジサイ／MINI et MAXI
撮影場所：VILLA DOUX Inter Park

II
Styling with VEIL
ヴェールのスタイリング

心地よく張り詰めた緊張感を光と共に身に纏う
優雅に流れる空気を包み込む繊細なその動き、
パーティスタイルも花嫁らしいノーブルな印象に

No. 1
Maria Veil

繊細なレースが施されたクラシカルな
マリアヴェール。スレンダーラインのドレ
スに合わせて上品に装いたいなら、低めに
アレンジしたシニヨンから流れるように。
美しいバレリーナをイメージして。

花材／バラ、アジサイ／日比谷花壇
ウエディングドレス、ヴェール、小物
／THE TREAT DRESSING
撮影場所／WITH THE STYLE FUKUOKA

No. 2
Embroidered Veil

チュールヴェールに宝石のように施された刺繡やビーズがまるでアクセサリーを身につけているかのように美しい幻想的なヴェール。ヘアはシンプルにまとめて、デザインを際立たせて。
ウエディングドレス、ヴェール／JUNO
花材：バラ

No. 3
Veil with Flower

ヴェールとフラワーの組み合わせはパーティでのヘアアレンジにおすすめ。モードな花嫁をめざすなら、ロングのマリアヴェールをターバン風に。サイドからふんわりとダウンヘアをのぞかせて。ヴェールの上から花をアレンジして華やかさを印象づけます。
ウエディングドレス、ヴェール／右、下共にJUNO

Styling with VEIL
FOR BRIDES

No. 4
Veil with Jewelry

アラビアンナイトのお姫様みたいにヴェールを纏い、上からジュエラリエットをヘアバンド風にあしらって。ミニマムにまとめたヘアが気品あふれる魅力に満ちあふれる。

花材：トルコキキョウ／MINI et MAXI
ウエディングドレス、ヘッドドレス／JUNO

No. 1
Scarf arrange

スカーフを使ったユニークでおしゃれ
センスあふれるアレンジ。スカーフと同じ
カラーのコサージュをポイントに。花嫁の
顔まわりを明るく華やかに彩って。

ヘッド／naughty

III
Styling with
HEAD ACCESSORY
ヘッドアクセサリーのスタイリング

ブライズイメージを作るヘッドアクセサリー
小物をアレンジして華やかにスタイリング

No. 2
Rose Corsage

大輪のバラのコサージュはドレスに
セットされていたものをヘッドドレス
として。オフホワイトのアンティーク
カラーが高貴な雰囲気をかもしだして、
花嫁の美しさが際立ちます。

ウエディングドレス、ヘッドコサージュ
／マリアージュ (felizcreer)

No. 5
Head Corsage

ブーケをデザインするのと同じように、
ヘッドコサージュにもこだわりたい。
丸みを持たせたクラシカルな趣のボブ
スタイルのサイドに添えて。生花ならでは
の可憐さが魅力。

ブーケ、ヘッドコサージュ／naughty

No. 3
Tulle arrange

ふんわりと風になびくリボンのように
チュールをヘッドトップに飾って。
コサージュを合わせるなど自由に、
オリジナルに仕上げて。

ウエディングドレス、コサージュ／那須高原
ミッシェルガーデンコート

No. 4
Top hat

麗人のような存在感のあるクラシカルな
トップハット。ネットヴェールをプラス
して上品でドラマティックな淑女の
装いに。

ウエディングドレス、トップハット／JUNO

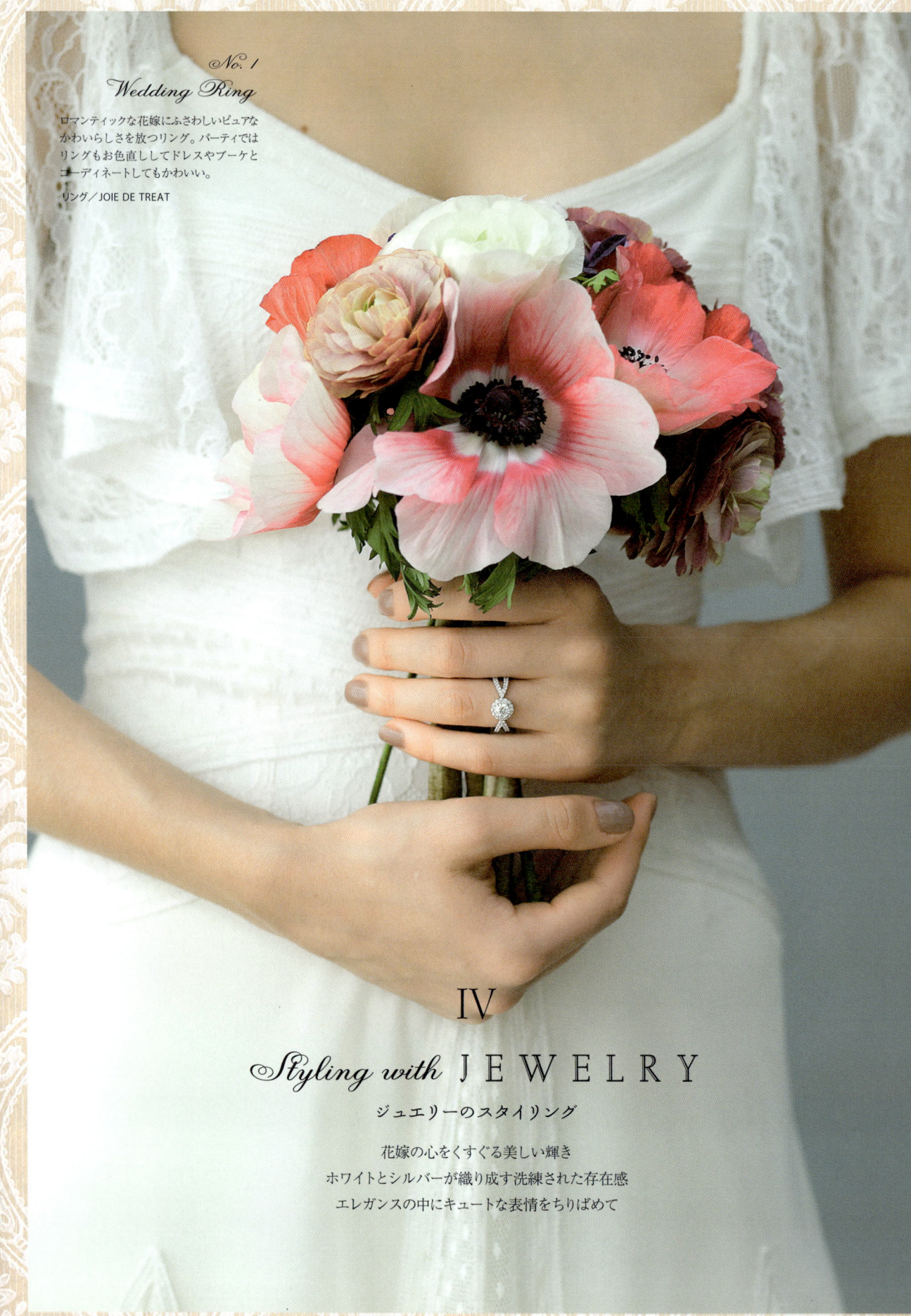

No. 1
Wedding Ring

ロマンティックな花嫁にふさわしいピュアな
かわいらしさを放つリング。パーティでは
リングもお色直ししてドレスやブーケと
コーディネートしてもかわいい。
リング／JOIE DE TREAT

IV
Styling with JEWELRY
ジュエリーのスタイリング

花嫁の心をくすぐる美しい輝き
ホワイトとシルバーが織り成す洗練された存在感
エレガンスの中にキュートな表情をちりばめて

No. 2 Head Ribbon

ヘアアクセサリーとして人気のあるヘッドリボン。頭頂部にボリュームを持たせたアップスタイルにヘアバンドみたいに巻いて。後ろでリボン結びが揺れてキュート。ヘッドリボンの代わりに、ラリエットやボリュームのあるネックレスを巻いても個性的で素敵な印象に。

No. 3 Tiara

特別な時にしか身につけることのできない歴史ある特別なジュエリー、ティアラ。子供の頃からの憧れだったプリンセス気分を叶えてくれる。

Styling with JEWELRY FOR BRIDES

No. 4 Jewel Bag

パーティの後半はブーケからこんなスウィートなジュエルバッグに持ち替えてキュートに。ルールに縛られないおしゃれを。

No. 5 Ribbon Motif

キュートなリボンモチーフのヘアコームはヴェールと合わせてオードリー風に可憐に、チュールと合わせてモードっぽく。トレンド感いっぱいにアレンジして。

No. 6 Bracelet

リュクスな花嫁はアクセサリーもトータルコーディネート。手元のおしゃれにも気を抜かないで。グローブを外したらブレスレットをON！

靴／BENIR

ウエディングドレス、アクセサリーすべて／THE TREAT DRESSING

Styling with JEWELRY FOR BRIDES

No. 7
Pearl Jewelry

歴史ある正統派ジュエリー、パール。上品でクラシックなイメージで身につけて。デザイン次第で大人っぽくもかわいらしくもなります。アフターウエディングでは普段使いもできます。

No. 8
Swinging Earring

花嫁が歩くたびに、笑顔のたびに耳元で揺れるイヤリング。キラキラ輝いて表情も輝かせてくれる魔法のアクセサリー。

No. 9
for Resort

リゾートシーンではシンプルに真珠のアクセサリーを。ラフにパールのラリエットを手首に巻いたり、可憐なイヤリングを身につけてさわやかに装うのがぴったり。

No. 10
Shell Jewelry

海からの贈り物、シェルジュエリーは手彫りの繊細さが魅力。シェルが立体的に彫刻され、美しいフォルムも自慢したくなる。軽いつけ心地がサマーウエディングにおすすめ。

No. 11
Impact Accessory

大ぶりなコスチュームジュエリーを大胆に
デコルテに輝かせてドレスアップ。チュール
のヴェールをクシュクシュっとまとめて
ブローチでポイントに。キラキラ光るジュ
エルに目を奪われることまちがいなし！
ウエディンドレス、ネックレス、ブローチ
／JUNO

Styling with ANTIQUE

V

アンティークのスタイリング

"サムシングオールド"欧米の言い伝えで
古いものを身につけると幸せになれるというおまじないにならい
時を超えて愛されるやわらかな女性らしさを

No. 1
Something Old

どこか懐かしさをにおわせるボリューム感のあるティアードのチュールドレス。こんなノスタルジックなドレスにはナチュラルメイクにフェミニンなボブスタイルがお似合い。祖母から受け継いだパールのネックレスやハンドバッグを身につけて。

チュールマリエ／FQR flowers of romance
野バラのティアラ／la'fleur　パールネックレス、
(木に掛けた)ジャルダンアイアンハンギング、
ガラスドーム、ウイローバッグワンハンドカゴ
／naughty　お花のバッグ／MINI et MAXI
テディベア／ASWAVE

アンティークのジャカードリボンや繊細な
デザインのレースは形も柄もさまざま。
ジャカードテープ、生成リレース／naughty
ハットケース（参考商品）／DORIAN GRAY
花材：バラ、ラナンキュラス、カーネーション、
ビバーナムティナス、ユーカリ／MINI et MAXI

No. 2
with Ribbon & Lace

No. 4
Straw Hat

Styling with ANTIQUE
FOR BRIDES

たくさんのミモザをマルシェバッグに詰め
込んだガーリーなバッグブーケ。朱赤色の
リボンがかわいらしさの味付けとなって。
マルシェバッグ、赤いテープ／naughty
帽子／DORIAN GRAY　花材：ミモザ、レース
フラワー、アスチルベ／MINI et MAXI

ヴィンテージのドレスに似合う乙女な
印象のストローハットには色みをおさ
えたコサージュを。手に持ったアート
ブーケは母の時代のもの。やさしい
ぬくもりに包まれてこれからも受け
継がれていく。
帽子（ローラ）／Odette é Odile 銀座店
（帽子に付けた）ダリアブラック、ダリアアイ
ボリー／la fleur　ヴィンテージドレス、
パールネックレス／naughty　ブーケ
／DORIAN GRAY

No. 3
Bag Bouquet

No. 6
with Glove

ヘッドドレスをバッグにつけてアレンジ。
自由な発想でどんどんおしゃれ心を刺激
して、自分だけのブライズファッションを
楽しんで。
レース日傘、ビーズクラッチバッグ、（バッグ
につけた）大輪のバラのブーケヘッドドレス
（yayoi）／naughty

No. 5
Bag arrange

冬のブライズコーディネートには、
ボリュームのあるホワイトファーや
ざっくりしたウールのグローブが
ほっこりとしていてかわいらしい。
ニットグローブ(mafuyu×tmh. スペシャル
グローブ)／tmh. SLEEP(03-3716-6982)、
ロングファードットチュールドレス (FOR)
／naughty

No. 7
Head Dress

No. 8
Veil arrange

No. 9
Flower Bag

いろんな小物をミックスして世界にひとつ
だけのヘッドドレスを作ろう。可憐で
清楚な小物を合わせたら、ヘアはゆるく
ひとつにまとめて。

白いちょうちょの装飾髪飾り&ブローチ、すず
らんとちょうちょのヘッドドレス、付け襟風装飾
ネックレス（すべて yayoi）、パールラリエット
／naughty

ロマンティックでおしゃれなヴェール
アレンジ。チュールのヴェールの先に
コサージュをあしらって。
コットンヘッドチュール（POLLIN）、小花ブーケ
コサージュ（natsu.）／naughty

Styling with ANTIQUE
FOR BRIDES

ガーリー度満点なレースはちょっぴり優雅に
なれるアイテム。ナチュラルに編んだ
カゴに、まるで印象派の絵画を思わせる
色使いのバラをふんだんに盛って。こんな
おしゃれなアレンジならどこに飾っても
絵になる。

ふた付きカゴ、（花の下の）ギザギザレース、
（リボン）チュールレース／naughty
花材：バラ、コットン、アスチルベ／MINI
et MAXI

No. 10
Flower Motif

永遠のガーリーモチーフ "花柄"。ミニ丈
ドレスにニーソックスを合わせても、どこか
懐かしさを感じる色柄だから子供っぽく
ならない。ミニだからこそ足元にもこだ
わってキュートに。

花びらドレス／FOR flowers of romance
靴（ピンク・白）／Odette é Odile 銀座店
ダンシーフラワーズオーバーニーソックス
（ayame）／naughty

No. 11
Old Item & Jewelry

人の手を経て古くなった味わいのあるプチスウィートな魅力のジュエリーやプライズ小物は、どこまでもかわいく乙女ごころをくすぐります。愛らしく繊細なフォルムがアンティークなコーディネートとも好相性。
オーガンジーレース、レザーロンググローブ、小さい本、(開いた)本、イニシャル刺繍 T、イニシャル刺繍 L、リボンブローチ、イヤリング／naughty ネックレス、ティアラ (ALEX MONROE) 各¥42,000／H.P.FRANCE BIJOUX

VI
Styling with VIVID
ビビッドカラーのスタイリング

ビビッドな色使い、大胆なスタイリング
ファッションを楽しむように
あなただけのウエディングスタイルを表現して

No. 1
with Vivid Color

ヘアはコケティッシュなポンパドール。
ポイントになるカラーのコサージュを
あしらうとキュートな個性を主張。ネオ
クラシカルな総レースのボレロがスウィー
トなドレスはリップの赤を効かせた
メイクでアバンギャルド感をプラスして。

花材：菊、ブプレニウム、スプレーマム
／Order Made ma fleur

繊細な模様にくりぬかれたちょうちょのオーナ
メントブーケは、アイデア次第で使い方自在。その
まま束ねてスタイリッシュに、生花のブーケにさして
ポイントにしてもかわいい！自分好みにカスタマイズ
できるのが魅力！市販のものだけでなく、かわいい
プリントの紙を切り抜いて手作りしても。
花びらドレス／FOR flowers of romance

No. 2
Handmade Bouquet

No. 3
Long Bouquet

フラワーのオーナメントはリング部分を手に
持ってロングブーケにしたり、首に巻いて
レイとして使っても華やかな印象に。
ウエディングドレス／Merry・Marry
花材：カーネーション／Order Made ma fleur

ブラックフェザーのヘッドドレスやブーケ
など、小物をオールブラックにすると、
大人モードなブライズスタイルに。
ウエディングドレス／Merry・Marry

No. 4
Black Spice

Styling with VIVID
FOR BRIDES

シンプルシックなミニドレスはトレーンが取り外しでき、2 WAYで
楽しめる。ピンクの水玉スカーフを巻くとボリューム感が出て
全体のバランスがとりやすい。レトロミックスを楽しんで。
ウエディングドレス／Merry・Marry

No. 5
Mini Dress

No. 6
Bag Bouquet

パンジーの愛らしい花カゴのブーケは
ちょこっと手に持つのが気分！
パンジーのバッグブーケ
花材：パンジー、スイートピー／MINI et MAXI

No. 7
with Your Clothes

パーティでは、さまざまなシーンでイメージを変えて。ガーデンパーティやデザートビュッフェなど動き回るシーンでは、鮮やかなカーディガンを羽織ったコーディネートも自分らしさがアピールできて素敵！
ウエディングドレス、小物／Merry・Marry

Styling with VIVID
FOR BRIDES

VII
Styling with KIMONO

着物のスタイリング

色彩の妙、小物使いの粋
先人たちが育んできた伝統美を守り、現代の感性をプラスして

No. 1
Japanese Style

日本の民族衣裳の着物。凛とした花嫁の
美しさを和の小物がドラマティックに
引き立てて。

衣裳／THE TREAT DRESSING
撮影場所／THE SODOH HIGASHIYAMA KYOTO

Styling with KIMONO
FOR BRIDES

No. 2
"Wa" Styling

花嫁衣裳を着る、とっておきの日のために小物にもこだわりたい。素朴な風合いのあるもの、温かみのあるもの、和洋折衷なデザインなど。アクセサリーを身につける感覚で持ってみては。

花材：上＝菊　下＝バラ、アジサイ、トルコキキョウ／ユー花園 (http://www.youkaen.com)
ビーズバッグ／CARBOOTS (03-3464-6868)

41

No. 3
Head Accessory

舞妓さんのように華やかに、ゆらゆらと揺れるかんざし。着物の柄や季節に咲く花に合わせてセレクトしてみては。

凛とした気品ある表情に美しさが漂う白の引き振袖。洋髪のアレンジに大きな紫色のコサージュでモダンに着こなして。
衣裳／THE TREAT DRESSING

No. 4
"Ume" Retro

梅の花をかたどった清楚な髪飾り。和素材の水色のリボンを差し色で合わせて華やかに。レトロでかわいい印象に。

No. 5
Flower Ball

花手毬のようにかわいらしい花玉コレクション。テーブルアレンジに使ったり、ひもで吊るしてコーディネートしたり、ルールにとらわれずアイデア次第でパーティのアクセントに。

花材：ダリア、菊、マリモ、アジサイ／ユー花園
(http://www.youkaen.com)

Styling with KIMONO
FOR BRIDES

No. 6
Head Corsage

No. 7
Arrangement wihe Flower

扇子は末広がりを意味し、幸せが末永く続きますようという願いがこめられています。そんな扇子に生花をアレンジして、ブーケのように持ってみては。古風で粋な華やかさです。

No. 8
Kimono
Coordinate

長く裾を引いた格式高い引き振袖は、華やかでありながらやさしい印象。後ろ姿も手を抜かず柄やヘアスタイルに合わせた帯結びを楽しんで、華やかに装って。

衣裳／THE TREAT DRESSING

No. 9
Head Corsage

楚々としたたたずまいが清らかな和の花のコサージュを髪に飾って。柄オン柄でおしゃれな半襟は顔まわりが明るくなりモダンな花嫁に。

衣裳、ヘッドコサージュ／THE TREAT DRESSING

No. 10
Ball Bouquet

手毬風のボールブーケ。ころんとした丸い形がかわいいピンポンマムやダリアのほか、バラなど洋風な花をミックスしておしゃれに。組紐を使ったリボンの可憐さに和の雰囲気が漂います。

花材：ダリア、ピンポンマム、菊、バラ、スカビオサ、ワックスフラワー／日比谷花壇

My Wedding Note
BRIDE'S STYLING FOR CEREMONY

マイウエディングノート ～ブライズスタイリング 挙式編～

あてはまるものにチェックまたは書き込みをしてみましょう。

Dress for Ceremony
挙式用衣裳

Q1 挙式のスタイルは？　☐ 教会式　☐ 人前式　☐ 神前式

Q2 衣裳は？　☐ 洋装　☐ 和装

Q3 洋装の場合のどんなイメージのドレスを着たいですか？
- ☐ ノーブルで正統派なAライン　☐ ボリュームがある華やかなプリンセスライン　☐ ナチュラルでフェミニンなスレンダーライン
- ☐ 個性的でスタイリッシュなエンパイヤーライン　☐ クールでスタイリッシュなマーメイドライン　☐ バックスタイルが印象的なロングトレーン
- ☐ その他（　　）

Q3 和装の場合のどんな衣裳を着たいですか？　☐ 白無垢　☐ 色打掛　☐ 本振袖　☐ 引振袖　☐ その他（　　　　　　）

Hair & Make up for Ceremony
挙式用ヘアメイク＆アクセサリー

Q1 どんなイメージになりたいですか？
- ☐ エレガント　☐ ナチュラル　☐ クラシカル＆ノーブル　☐ スタイリッシュ＆クール　☐ ガーリー＆キュート
- ☐ スウィート＆フェミニン　☐ モード＆ファッション　☐ その他（　　　　　　　　　　　　　　　）

Q2 洋装の場合のヘア小物は？
- ☐ ヴェールのみ　☐ ヴェール＋生花　☐ ヴェール＋ティアラ　☐ ヴェール＋ヘッドアクセサリー
- ☐ 生花のみ　☐ 生花を使ったヘッドドレス　☐ ティアラのみ　☐ ヘッドアクセサリーのみ　☐ その他（　　　）

Q3 和装の場合の髪型？
- ☐ 綿帽子　☐ 角隠し　☐ かつら　☐ 洋髪

Q4 こだわりたいポイントは？
（　　）

Bouquet for Ceremony
挙式用ブーケ

Q1 挙式の衣裳に合いそうなブーケは？
- ☐ 流れるシルエットのキャスケードブーケ　☐ 丸いシルエットのラウンドブーケ　☐ 束ねただけのナチュラルクラッチブーケ
- ☐ 三日月型のクレッセントブーケ　☐ 茎の長いお花を束ねるアームブーケ　☐ キモノに合う球体のブーケボールブーケ

Q2 テーマカラーは？
（　　　）

Q3 花の種類は？
- ☐ 生花　☐ プリザーブドフラワー　☐ アートフラワー　☐ その他（　　　　　　　　　　　　　　　　　）

Q4 好きなお花＆使用したい花材は？
（　　　）

挙式で着たい衣裳やヘアメイク、ブーケのイメージをスケッチしたり、雑誌を切り抜いてコラージュしてイメージをふくらませましょう。

Dress

Hair & Make up

Bouquet

My Wedding Note
BRIDE'S STYLING FOR CEREMONY

マイウエディングノート ～ブライズスタイリング 披露宴編～

あてはまるものにチェックまたは書き込みをしてみましょう。

Dress for Reception
披露宴用衣裳

- Q1 どんな雰囲気のパーティ？　☐ フォーマルスタイル　☐ アットフォームスタイル
- Q2 衣裳は？　☐ 洋装　☐ 和装　☐ 洋装＆和装
- Q3 披露宴での、ドレスを選ぶポイントは？
  - ☐ ゲストと話しがしやすく、動きやすいドレス　☐ 天井が高く、広い会場にあうボリュームのあるドレス
  - ☐ 入退場の時に注目をあびるバックスタイルのキレイなドレス　☐ 写真映えするトップスにデザインのあるドレス
  - ☐ その他（　　　　　　　　　　　　　　　）
- Q4 和装の場合、どんなイメージの衣裳を着たいですか？
  - ☐ 色打掛　☐ 本振袖　☐ 引振袖　☐ その他（　　　　　　　　　）

Hair & Make up for Reception
披露宴用ヘアメイク＆アクセサリー

- Q1 どんなイメージになりたいですか？
  - ☐ エレガント　☐ ナチュラル　☐ クラシカル＆ノーブル　☐ スタイリッシュ＆クール　☐ ガーリー＆キュート
  - ☐ スウィート＆フェミニン　☐ モード＆ファッション　☐ その他（　　　　　　　　　）
- Q2 洋装の場合のヘア小物は？
  - ☐ ヴェールのみ　☐ ヴェール＋生花　☐ ヴェール＋ティアラ　☐ ヴェール＋ヘッドアクセサリー
  - ☐ 生花のみ　☐ 生花を使ったヘッドドレス　☐ ティアラのみ　☐ ヘッドアクセサリーのみ　☐ その他（　　）
- Q3 和装の場合の髪型？
  - ☐ かつら　☐ 洋髪
- Q4 こだわりたいポイントは？
  - （　　　　　　　　　　　　　　　　　　　　　　　　　　　　　　　）

Bouquet for Ceremony
披露宴用ブーケ

- Q1 披露宴に持ちたいブーケは？
  - ☐ 流れるシルエットのキャスケードブーケ　☐ 丸いシルエットのラウンドブーケ　☐ 束ねただけのナチュラルクラッチブーケ
  - ☐ 三日月型のクレッセントブーケ　☐ 茎の長いお花を束ねるアームブーケ　☐ キモノに合う球体のブーケボールブーケ
  - ☐ 個性的でスタイリッシュなバッグブーケ　☐ その他（　　　　　　　　）
- Q2 テーマカラーは？
  - （　　　　　　　　　　　　　　　　　　　　　　　　　　）
- Q3 花の種類は？
  - ☐ 生花　☐ プリザーブドフラワー　☐ アートフラワー　☐ その他（　　　　　　　）
- Q4 好きなお花＆使用したい花材は？
  - （　　　　　　　　　　　　　　　　　　　　　　　　　　）

披露宴で着たい衣裳やヘアメイク、ブーケのイメージをスケッチしたり、雑誌を切り抜いてコラージュしてイメージをふくらませましょう。

Dress

Hair & Make up

Bouquet

コラージュの例です。なりたい自分をイメージして、自分だけのオリジナルアイデアをまとめていきましょう。

Lesson 3

Flower Coordinate with Color

カラー別フラワーコーディネート

テーマカラーのフラワーで
イメージをかたちに

ウエディングのフラワーはブーケやテーブルアレンジだけではありません。エントランスに飾るウェルカムフラワー、チャペルの扉にかけるリース、デザートビュッフェを彩るアレンジ……。さまざまなシーンを華やかに演出してくれます。テーマカラーを軸に全てのシーンをトータルでコーディネートしていきましょう。同じカラーでも、それに合わせる差し色で印象が変わります。それぞれの項目に入れたカラーチャートも参考に、ふたりのイメージにぴったりのカラーバランスを見つけてください。

1

ロマンティック ピンクパレット

Romantic
PINK PALETTE

いつの時代も変わらない、永遠の憧れ。
女性として、生を受けた瞬間から魅了されてきた、
この色の持つおだやかなあたたかさ。
幸福感あふれる甘いロマンティックカラーも
小物やアレンジでアンティークをプラスすれば
大人の女性にもよく似合う、エレガンスな印象に。

Flowers

1. バラ（ドラフトワン）
2. チューリップ
3. チューリップ
4. ダリア
5. バラ（あおい）
6. バラ（新種）
7. カーネーション
8. トルコキキョウ（リシアンサス）
9. チューリップ
10. バラ（メモリーレイン）
11. バラ（アンジェリークロマンチカ）
12. バラ（テディベア）
13. バラ（イヴクレール）
14. バラ（ブルーミルフィーユ）
15. バラ（ペオニーピンク）
16. バラ（シセロ）
17. バラ（ドラフトワン）
18. チューリップ
19. スイートピー

1 Draft One
2 Tulip
3 Tulip
4 Dahlia
5 Cloi
6 Rose
7 Carnation
8 Lisianthus
9 Tulip
10 Memory Rain
11 Angerique Romantica
12 Teddy Bear
13 Yves Clair
14 Blue Millefeuille
15 Peony Pink
16 Cicero
17 Draft One
18 Tulip
19 Sweet Pea

Welcome Space

■ ■ ■

パーティの始まりは こんな素敵なお出迎えを

フラワーいっぱいのパーティを予感させるエントランス。最初にお客様をお迎えする大切な場所だからテーマカラーのバラやシャクヤクをふんだんに使って華やかに。真ん中にソファをセットしてフォトスポットとしても素敵！

花材：バラ、アジサイ、シャクヤク、ビバーナム
ウエディングドレス、ハット、シューズ／THE TREAT DRESSING

for Table

乙女心をくすぐるキュートな色使いなら
やっぱりピンクが主役

パステルピンクとパステルブルーのプレートにポイントとしてローズピンクとターコイズブルーで遊びを加えたポップでキュートなコーディネート。キュートさのコツは同じカラーだけでまとめないこと。マリー・アントワネットの世界をイメージして！

ナフキン（アレクサンドル・チュルポー）／ASAHEI
グラス、ガラスのタッセル（ブルーとピンク）／GENEVIEVE LETHU

Pink with Candle

■ ■ ■

ナイトパーティでは
キャンドルを灯してスローな時間を

ゲストテーブルをロマンティックに飾るのはふんだんに使ったバラのフラワーアレンジ。キャンドルの炎がコーディネートにあたたかな雰囲気をプラスしています。ピンクのグラデーションにチョコレートコスモスのダークカラーが加わりグッとエレガントに。ウェルカムメッセージをアレンジに添えて。

花材：バラ、カーネーション、チョコレートコスモス
／plus blue place
撮影場所／CANOVIANO CLASSICO

for Banquet

Party Coordinate

■ ■ ■

特別なローズの香りで癒される
パーティルームをコーディネート

誰からも愛されるピンクは永遠の女の子カラー！そしてピンクの花の代表格がバラ。バラの香りは甘く優雅でリラックス効果もあるとか。会場の至る所にフラワーセッティングをして、愛でながら香りも楽しんで。

撮影場所／AFFRANCHIR
ケーキ／Anniversary 青山店

フラワーだけでなく、テーマカラーを彩ったカードをドリンクコーナーやデザートコーナーなど会場中に飾ってもカラーコーディネートのポイントになる。

Flower Entrance

パリに想いを馳せて
花の鮮やかさでいっぱいの
エントランスに

エントランスをたくさんのフラワーでデコレーションして。目指したのはパリのフラワーショップのディスプレイ。ワインの木箱を重ねてナチュラルなかわいらしさを演出。

花材：バラ、アジサイ、ライラック、シャクヤク
撮影場所／RIVIERA TOKYO

Tulip Bouquet

Spring Bouquet

晴れの日を彩るブーケは
その季節の旬の花を
セレクトするのもアイデア

エアリーな印象のチューリップだけを使ったフェミニンなブーケや、パステルカラーで色ごとにまとめた春らしいブーケなど、どちらも冬から春に出回るチューリップのブーケ。好きな花の旬に合わせてウエディングデーを決めるのも大切なこと。

花材：右＝チューリップ　左＝チューリップ、アジサイ、ブプレニウム／MINI et MAXI

with Tulip

with Antique

アンティークカラーの花と
ゴールドを調和させてアレンジ

アンティークのキャンドルスタンドを中心に全体をコーディネート。花の色は自然とアンティークに似合う秋色アジサイや甘すぎないシックなオールドローズをセレクト。

花材：バラ、アジサイ、秋色アジサイ
撮影場所／RIVIERA TOKYO

ナチュラル グリーンパレット

Natural
GREEN PALETTE

植物たちの芽吹き、新たな季節の訪れ。
新しい人生のはじまりを感じさせるさわやかな香り。
サブカラーになりがちなグリーンをメインカラーに選べば
アレンジもブーケもナチュラルにセンスアップ。
降り注ぐ光や空の青、心地いい風がよく似合うから、
データイムのガーデンパーティにもぴったり。

Flowers

1. アジサイ (ハイドランジア)
2. クリスマスローズ (ヘレボア)
3. クリスマスローズ (ヘレボア)
4. シャムロック
5. ポポラスグリーン
6. トルコキキョウ (リシアンサス)
7. マリモ
8. シルバーブローニア
9. ヒペリカム
10. ラナンキュラス
11. バラ (スーパーグリーン)
12. サンデルシー (スター オブ ベツレヘム)
13. バラ (エクレール)
14. アスチルベ
15. ヴィバーナム
16. ヘレボア
17. テトラゴナ
18. ヘリクリサム

1 Hydrangea
2 Helleborus
3 Helleborus
4 Shamrock
5 Eucalyptus polyanthemos
6 Lisianthus
7 Marimo
8 Silver Brunia
9 Hypericum
10 Ranunculus
11 Super Green
12 Star of Bethlehem
13 et couleur
14 Astilbe
15 Viburnum
16 Helleborus
17 Tetragona
18 Helichrysum

for Chapel Entrance

ホワイトとグリーンを基調とした
フラワーアーチでフレッシュな花嫁に

エントランスに飾られたフラワーアーチをくぐると
集まってくれたゲストの笑顔と祝福の声、そして
幸せのフラワーシャワーは差し色のオレンジに。
昔映画で見た欧米の結婚式みたい。その一瞬を
カメラに収めてフォトジェニックな花嫁に。

花材：アジサイ、アマランサス、アイビー
ウエディングドレス、ヴェール／マリアージュ (felizcreer)
撮影場所／felizcreer La maison du mariage

for Table

さわやかなカラーが
リラックス効果を高める
グリーンのコーディネート

グリーンは樹木の色。四季のある日本では愛されてきた安らぎを与えてくれるカラーです。春から初夏にかけてのパーティにおすすめ。ランチョンマットに楽譜のラッピングペーパーでアレンジしたり、カードやリボンといった小物使いでカラーコーディネートしても素敵。

花材：クリスマスローズ、ラナンキュラス

Garden Ceremony

青空に映える
グリーンのバルーンが
ロケーションに好バランス！

清涼感のあるグリーンとホワイトのコーディネートに
パープルのリボンが程よくアクセントに。個性的な
色合わせをする時は、リボンなどでボリュームを
調節しながらプラスしていくのがおすすめ。

花材：アジサイ、アマランサス、アイビー／藤本生花店
撮影場所／PARK WESTON

Green Bouquet

まるで初夏のイメージのような
軽やかな色使いのブーケ

グリーンとホワイトの組み合わせは清楚で繊細。さわ
やかなリゾートウエディングやサマーウエディングに
ぴったりのブーケです。リースブーケにしたり花冠に
して頭にあしらってもナチュラルで愛らしい！

花材：左＝バラ、スカビオサ、スズラン、アジサイ
右＝バラ、スカビオサ、パールアカシア／MINI et MAXI

for Modern Table

モダンなコーディネートに仕上げたいなら
ひとさじのブラックを

ビタミンカラーのフラワーに差し色でブラックの
花器を使ったり、プリントのテーブルライナーを
プラスして。引き締めのカラーを入れることで甘すぎ
ない洗練されたコーディネートが完成します。

花材：バラ、アナベル、シャムロック／グラスルート
(0977-25-0874)

Garden Party

ジューンブライドにぴったりの花、アジサイをふんだんに使って

6月の花嫁、"ジューンブライド"に欠かせないのは6月の花アジサイ。季節を問わず手に入りますが、一番美しく咲くシーズンです。そんなアジサイだけをダイナミックにヘッドドレスに。ブラウンや赤とも相性が良くやさしいグリーンです。

花材：アジサイ
撮影場所／felizcreer La maison du mariage

Oriental Table

テーブルクロスは大胆にオリエンタルグリーンをセレクトして！

テーブルクロスをセレクトするとき無難な色を選びがちだけど、テーマをオリエンタルに決めたらダリアなど東洋の香りのする花材をチョイスして大胆なカラーに挑戦して。食器や花器は銅やブラックを使ってモダンなテーブルセットが完成。

花材：ダリア、ガーベラ、菊／gaveta

ネームカード代わりにグリーンアップルにリボンとメッセージを添えてさわやかなウエルカムオブジェのできあがり！

Night Party with Candle

グリーンとフューシャーピンクのコントラストが大人のナイトパーティのアクセントに

グリーンとフューシャーピンクのブーケの強めなカラーバランスが、ラグジュアリーなキャンドルナイトパーティにぴったり。モード感のあるロングのリボンが大人っぽさのポイントに。

花材：シクラメン／Plus blue place
撮影場所／CANOVIANO CLASSICO

スタイリッシュシック パープル＆レッドパレット

Stylish Chic
Purple & Red Palette

やわらかなライティング、ゆれるキャンドルの炎。
映し出されるのは、気品に満ちたナイトパーティ。
本物を知る女性が選ぶ、パープルや深い赤は
ナイトシーンをより優雅に演出します。
テーブルのカトラリーやグラスのきらめきに映えるのは、
エレガンスを極め、洗練された情景。

Flowers

1. バラ（アンダルシア）
2. バラ（ブラックティー）
3. チョコレートコスモス
4. アジサイ（ハイドランジア）
5. アストランチャ（マスターワート）
6. クリスマスローズ（ヘレボア）
7. バラ（ラバグルト）
8. バラ（リーク）
9. ダリア
10. ビバーナムティナス（ローラスティナス）
11. スカビオサ
12. スカビオサ
13. ラナンキュラス
14. アネモネ
15. チューリップ
16. カラー
17. ライラック
18. ヒヤシンス
19. アネモネ
20. スイートピー
21. ラナンキュラス

1 Andalusien
2 Black Tea
3 Chocolate Cosmos
4 Hydrangea
5 Masterwort
6 Helleborus
7 Lavaglut
8 Reek
9 Dahlia
10 Laurustinus
11 Scabious
12 Scabious
13 Ranunculus
14 Anemone
15 Tulip
16 Calla
17 Lilac
18 Hyacinth
19 Anemone
20 Sweet Pea
21 Ranunculus

Luxury Chic

パーティ会場とカクテルドレスを
同色でコーディネート

挙式後、パーティ会場でお客様をお迎えする際に
ドレスチェンジをすませてからゲストの方々をエス
コートするのも素敵。本日の主役である花嫁のド
レスカラーを引き立たせるような会場のコーディ
ネートを考えるとおしゃれ。

花材：ダリア、カラー、バラ
撮影場所／RIVIERA AOYAMA

for
Winter Table

コントラストの強いレッドと
ブラックのコーディネートが
モダンなスタイル

大人っぽいモダンスタイルの代表格なレッド＆ブラックの組み合わせ。アクセント色のホワイト＆ベージュを加えることで、個性的なやわらかさが生まれます。ウインターウエディングにおすすめのカラーバランスです。
ナフキン、テーブルクロス（アレクサンドル・チュルポー）／ASAHEI　リボン／la droguerie 表参道店

Cascade Bouquet

Red Bouquet

優雅な魅力あふれる胡蝶蘭の
グラマラスなブーケ

胡蝶蘭の存在感のある魅力とパープルのグラデーションが独特な迫力を醸し出すロングトレーンのブーケ。大きなリボンのついたバックスタイルに負けない迫力がある。

花材：胡蝶蘭、バンダ、デンファレ／gaveta

Purple Modern Style

Purple & Green Bouquet

Red & Purple Bouquet

パープルの持つさまざまなイメージを
最大限に引き出して

シック、ミステリアス、エレガントなどさまざまなイメージを持つカラー、パープル。単色だけのコーディネートを楽しんだり、レッドと組み合わせてよりシックに、グリーンとのコントラストで遊びを加えて。配色バランスがポイントです。

花材：上＝カラー　中＝ダリア、アジサイ、ラナンキュラス、ビバーナムティナス　下＝バンダ、アネモネ／MINI et MAXI

for Welcome Drink

ドレスアップしたグラスで
センスよくゲストを華やかに迎えて

ウェルカムドリンクにアレンジしたパープルのグラスコサージュ。トレイには"thank you"のメッセージを添えて。一緒にマカロンなどのキュートな色使いの一口スウィーツを。

花材：ヒヤシンス／MINI et MAXI

Japanese Essence

ハレの日に用意する和小物コレクション

ジャパニーズモダンがコンセプトの結婚式には、和テイストあふれる小物をセレクトして。桐の箱にディスプレイした菊のリングピローや、手毬のようなボールブーケなど、日本の国旗の赤や、日本古来より高貴な位の色とされる紫を使って美しい和のウエディングを。

花材：上＝菊（造花）　下＝バラ

Japanese Modern Ring Pillow

Rose Ball Bouquet

for Chapel Entrance

終わりがない輪状につながるリースは「永遠の愛」の象徴！

チャペルの木製の扉には「永遠の愛」を意味するリースを飾って。あえて色みをミックスして作るのが雰囲気を出すコツ。パープルレッドとパープルにグリーンを重ねた個性的な色合いが木の質感にドラマティックにマッチ。

花材：カーネーション、デルフィニウム、スイートピー

Candle & Red Flower

キャンドル煌めく美しいパーティ会場でゴージャスな色遊び

モードでゴージャスなボルドー使いのフラワーアレンジが刺激的。大人のナイトウエディングにふさわしい晩餐会スタイルのテーブルコーディネート。キャンドルとフラワーアレンジの高さのバランスも大切。

花材：カラー、ダリア、バラ
撮影場所／RIVIERA AOYAMA

イノセント ホワイトパレット

Innocent
WHITE PALETTE

運命の日、花嫁だけが纏うことを許される純潔の色。
そのノーブルな透明感はウエディングの象徴として愛され、
いつの時代にも、どの季節にも似合う普遍的な魅力を放つ。
ホワイトだけのフラワーアレンジも、
パールやチュールを使って質感を加えればより華やかに。

Flowers

1. ヒヤシンス
2. 宿根スイートピー (ペレニアルピー)
3. コットン
4. ライラック
5. バラ (ウェディングドレス)
6. アネモネ
7. マーガレット
8. カラー
9. バラ (オードリー)
10. バラ (クリームイヴピアッチェ)
11. バラ (スプレーウィット)
12. チューリップ
13. スカビオサ
14. すずらん (リリーオブザヴァリー)
15. バラ (グリーンアイス)
16. シャクヤク (ピオニー)
17. 胡蝶蘭 (モスオーキッド)
18. バラ (フェアビアンカ)

1 Hyacinth
2 Perennial Pea
3 Cotton
4 Lilac
5 Wedding Dress
6 Anemone
7 Marguerite
8 Calla
9 Audrey
10 Cream Ives Piaget
11 Spray Wit
12 Tulip
13 Scabious
14 Lily of the Valley
15 Green Ice
16 Peony
17 Moth Orchid
18 Fair Bianca

Wedding Wreath

■ ■

**花冠を携えた妖精のように
持ちたいピュアなホワイトブーケ**

永遠、幸運、幸福などを呼び込むお守りのリースを模したリングブーケは、永遠や幸福を意味し、ラッキーアイテムとされています。太めリボンを巻くと、歩くたびに風に揺れてロマンティック。Aラインのドレスやボリュームのあるプリンセスラインのドレスでキュートに合わせて。

花材：アジサイ、カーネーション

Menu

Blinis de Saumon Fumé au Caviar
Soupe de Canard en Croûte
Langouste Froide à la Parisienne
Aloyau de Boeuf Rôti a L'Anglaise
Bouquetière de Légumes
Granité au Vin Rosé
Foie Gras Sauté au Raisin
Salade de Saison aux Fleurs
Omelette Flambée à la Princesse
Melon au Porto
Café

for Table

やっぱり憧れの
ウエディングカラーはホワイト！

ウエディングのシンボルカラーのホワイトをベースに淡いピンクの差し色やニュアンスをプラスしてコーディネート。清楚なパールの小物に可憐な白い花のコサージュ、旅の思い出のカード、そして甘いドラジェ……。トーンをそろえれば大好きなものを集めて並べるだけでセンスよくまとまります。

テーブルランナー（アレクサンドル・チュルポー）／ASAHEI

Chapel Coordinate

記憶に残る結婚式を彩る
純白のデコレーション

陽射しを受けて白く輝くオーセンティックで落ち着いたチャペルコーディネート。白だけでまとめるのではなく、茎や葉のグリーンの部分を生かしたバラの祭壇アレンジは、清楚で無垢な印象。きらきらと美しい自然光、華やかに舞う花たちが花嫁の引き立て役に。

撮影場所／WITH THE STYLE FUKUOKA

バージンロードのフラワーアレンジにチュールをプラスするだけでエレガントな印象に。
撮影場所／PARK WESTON

Ring Pillow

クオリティの高さを感じさせる
クリスタルリングピロー

クリスタルストーンを敷き詰めたキラキラ感とカーネーションのフリルでスウィートな要素ばかりなのに、洗練されて大人っぽい。その秘訣は台座のブラックと花材使い。たくさんの花を使わず、1色、単品に絞って。

花材：カーネーション／gaveta

Elegant Table

リュクスを心得た大人のテーブルアレンジ

ホワイト×ゴールドのエレガントなカラーコーディネート。フラワーアレンジとテーブルクロスの白がフォーマルな印象の分、ゴールドの小物使いが絶妙なバランスでリュクスな演出のキーポイントに。ナプキンリングやキャンドルスタンド、ネームカードなどでゴールドを程よく盛り込んで。

花材：シャクヤク、アジサイ
撮影場所／RIVIERA AOYAMA

Antique White

白いキャンバスに
絵を描くように色をプラスして

アンティークのプレートを白いキャンバスに見立てて、まるで水彩画のようにパープルをグラデーションで彩って。メニュー、ナフキン、フラワーは決まった置き方にこだわらず、自分らしいバランスで配置してゲストの目を楽しませよう。

花材：バラ、ライラック／MINI et MAXI

Fresh Bouquet

新緑のようにみずみずしい
ホワイトとフレッシュグリーンの花束

チューリップをメインに小花を無造作に束ねた、春にぴったりの透明感あふれるさわやかなクラッチブーケ。動きのあるライラックの流線が春の息吹を連想させます。

花材：上＝チューリップ、ライラック、バラ、シルバーブローニア／MINI et MAXI　下＝胡蝶蘭、アジサイ、パフィア

White Natural Bouquet

White Bouquet for Resort

小花をガーランドにして乾杯のシャンパンに飾り付けて。パーティの始まりも華やかに。
花材：デンファレ

Resort Night Party

幻想的な世界へいざなう
キャンドルナイトパーティ

幻想的なキャンドルとホワイトカラーの美しい空間。キャンドルの温かな光が真っ白の花をオレンジ色に照らし癒し効果抜群。パーティ後半のカクテルタイムに取り入れたいドラマティックな演出です。

花材：アジサイ／藤本生花店
撮影場所／PARK WESTON

5

印象的な オレンジ＆イエローパレット

Impressive
Orange & Yellow Palette

生命力に満ちたみずみずしいビタミンカラーは
太陽の光を受けて鮮やかな輝きを放ちます。
開放的なサマーパーティにもよく映えるけれど、
落ち着いたブラウンを合わせれば、
そのやさしいイメージがウィンターパーティを暖めてくれます。
添えるカラーで季節感を表現して印象的なコーディネートに。

Flowers

1. バラ（ジュリア）
2. モカラ
3. ダリア
4. バラ（マラケシュ）
5. バラ（キャラメルアンティーク）
6. バラ（ルナロッサ）
7. パールアカシア
8. バラ（パーティラナンキュラス）
9. トルコキキョウ（リシアンサス）
10. バラ（トゥールーズ・ロートレック）
11. バラ（ベビーロマンチカ）
12. ラナンキュラス
13. カーネーション
14. ミモザ
15. チューリップ

1 Julia
2 Mokara
3 Dahlia
4 Marrakech
5 Caramel Antique
6 Lunarossa
7 Pearl Acacia
8 Party Ranunculus
9 Lisianthus
10 Toulouse Lautrec
11 Baby Romantica
12 Ranunculus
13 Carnation
14 Mimosa
15 Tulip

Wedding Style

ラグジュアリーな
エルメスカラーのバラをふんだんに使って

会場のインテリアに合わせてコーディネートカラーを決めましょう。重厚な暖炉のあるイギリスのマナーハウスをイメージしたはちみつ色の会場には、暖かみのあるオレンジを基調とした格調高いバラをメインにした上品なアレンジで。

花材：バラ
撮影場所／那須高原ミッシェルガーデンコート

for Table

リラックス感漂う個性的な
大人のサファリアレンジ

ぜひサマーシーズンのウエディングに取り入れたい
都会的なアーバンサファリなテーブルアレンジ。
ブラウンのファブリックにオレンジの蘭の花が
鮮やかに効いて大人っぽい。ナフキンリングには、
シックなシルバーのタッセルを。
ディナープレート、カップ&ソーサー、グラス／エルメス
ジャポン

Color Mix for Resort

■ ■ ■

スタイリッシュなカラーミックスアレンジは
リゾートウエディングにぴったり

オレンジ、グリーン、パープル！リゾートパーティに
ぴったりのカラフルな色使い。太陽の陽射しに映える
ビタミンカラーでさわやかなサマーパーティを。

花材：バラ、アジサイ、カーネーション、ビバーナム
／日比谷花壇
撮影場所／WITH THE STYLE FUKUOKA

Antique Orange Bouquet

Rose Bouquet

■ ■ ■

数えきれないほどの品種バラ。
恋するバラのブーケ！

バラほどたくさんの品種を持つ花はありません。そんな
バラを違う種類で組み合わせたビタミンカラーの
ブーケ。イエローやミックス、アンティークカラーの
オレンジ、ライムグリーンなど同じバラ同士なので
きれいな形のラウンドブーケにまとまります。

花材：左＝バラ　右＝バラ、トルコキキョウ／MINI et MAXI

■ ■

Yellow Rose Bouquet

Noble & Stylish Bouquet

■ ■

太陽に負けないオレンジで、
明るい笑顔にぴったりなブーケ

直線的なフォルムがスタイリッシュな印象のカラー
だけど、明るいオレンジ色なら、リゾートやガーデン
パーティに持ちたいカジュアルなブーケに。洗練
された細身のAラインのドレスにもすっきりと
コーディネートできます。

花材：カラー／日比谷花壇

Flower Ring Pillow

リングガールに持たせたい！
最高にキュートなリングピロー

ライトブルーのBOXにオレンジイエローのバラを
敷き詰めて作ったキュートなフラワーリングピロー。
やさしいペールトーンがリングガール役のキッズに
お似合いの愛らしいデザイン。

花材：バラ

Navy Blue & Orange & Brown

さわやかなネイビーを組み合わせてコンサバティブに

いつものオレンジがネイビーとブラウンのシックなカラーとの組み合わせで
優美でコンサバティブな印象に。合わせるカラーでイメージが全く変わり
ます。テーブルクロスの白も効果的な役目を果たしてさわやか。

花材：バラ、カラー
撮影場所／那須高原ミッシェルガーデンコート

Guest Corsage & Name Card

チャーミングに
ゲストの胸元を飾るコサージュを

パーティに参加するゲスト用に、受付にコサージュを
用意して華やかに。またキャンドルサービスの代わりに
コサージュを配ってもとってもチャーミングな演出に。

花材：バラ、アジサイ、ムスカリ／MINI et MAXI

My Wedding Note
FLOWER COORDINATE

マイウエディングノート ～フラワーコーディネート～

あてはまるものにチェックまたは書き込みをしてみましょう。

Flower Decoration
フラワーデコレーション

Q1 結婚式の季節は？　☐ 春　☐ 夏　☐ 秋　☐ 冬

Q2 好きなお花は？　（　　　　　　　　　　　　　　　　　　　　　　　　　　　　　）

Q3 テーマカラーは？　（　　　　　　　　　　　　　　　　　　　　　　　　　　　　　）

Q4 パーティ会場をどんな雰囲気にしたいですか？
　　☐ エレガント　☐ ナチュラル　☐ クラシカル＆ノーブル　☐ スタイリッシュ＆クール　☐ ガーリー＆キュート
　　☐ スウィート＆フェミニン　☐ モード＆ファッション　☐ その他（　　　　　　　　　　　　）

Q5 フラワーデコレーションにこだわりたいアイテムは？

　　☐ チャペル装花　（チャペルのチェアフラワーやチャペル入口にリースなどのデコレーション）
　　☐ メインテーブル装花　（披露宴でふたりが座るテーブルのフラワーデコレーション）
　　☐ ゲストテーブル装花
　　　（披露宴でゲストの方が座るテーブルのフラワー。ブーケタイプにして、ゲストの方にプレゼントするのもおすすめです）
　　☐ トーションフラワー
　　　　（テーブルの上のナフキンに添えるフラワー。
　　　　トーションフラワーをテーマカラーして、ゲストの胸や髪にさしてもらうと、
　　　　パーティに華やかさと統一感をもたらします。写真に写った時にとても素敵）
　　☐ ゲストコサージュ　（受付の際に渡したり、席札につけたり、ゲストの方にプレゼント）
　　☐ エントランスフラワー　（エントランスにウエルカムフラワーとしてデコレーション）
　　☐ ウエルカムボード　（ウエルカムボードをフラワーでデコレーション）
　　☐ ビュッフェ装花　（ビュッフェテーブルにスウィーツと一緒に飾るとインパクト大）
　　☐ キャンドル＆フラワー
　　　　（夕方からの披露宴にはキャンドルをプラスして、ロマンティックなパーティになります）
　　☐ その他（　　　　　　　　　　　　　　　　　　　　　　　　　　　　　　　　　　）

My Favorite Flowers

好きなフラワー＆テーマカラーに合った花の名前を書き込んだり、写真をコラージュしてみましょう

FLOWER NAME

FLOWER NAME

FLOWER NAME

FLOWER NAME

FLOWER NAME

FLOWER NAME

FLOWER NAME

FLOWER NAME

FLOWER NAME

フラワーデコレーションのイメージをスケッチしたり、雑誌を切り抜いてコラージュしてイメージをふくらませましょう。

Guest & Main Table Flower

Your choice

Your choice

Lesson 4
Wedding Theme & Key Items

ウエディングテーマ
＆キーアイテム

ヒントはふたりの中に

ここまで読み進めるうちに、あなたの好きなテーマが見えてきたのでは？ 好きなのはどんなことですか？ 思い出の場所はどんな所ですか？ 大切に思うのはどんな人ですか？ ふたりで見る未来にはどんな世界が広がっていますか？ ……ヒントはふたりの中にあるはずです。テーマのあるウエディングは、コーディネートが全体的にまとまりやすくなり、アイテム選びがスムーズに運びます。そして、ふたりにとっても、ゲストの方々にとっても、印象深く心に残る結婚式になるでしょう。

Theme
WEDDING

1

Eco Green Wedding
エコグリーンウエディング

ひとりからふたりへ。そして……。
芽生えたいのちの鼓動に未来を想う。
わたしたちを育む緑は、
いつまでその力強い生命力でからだを満たしてくれるのでしょう。
いつまでその鮮やかな色彩美でこころを癒してくれるのでしょう。
新しい人生の始まりに感じる、未来へとつながる今を生きることへの責任。
持ち帰ることができる、プランターのテーブルフラワーやお箸。
引き出物を入れるバッグを紙袋から天然素材のエコバッグへ。
プチギフトに選んだのは植物の種……。
それは大きな地球の中で起きた、小さな出来事。
でも、そんな小さな出来事こそが地球の未来を創造するのかもしれません。
緑あふれる未来を願う、
"ECO GREEN WEDDING"。

Key Item
キーアイテム

フェアトレードのウエディングギフト・ゲスト用エコ箸
エコバッグの引き出物袋・オーガニック素材のスウィーツ・リメイクドレス
植物の種のプチギフト・鉢植えのテーブルフラワー

Coordinate with Green

グリーン×ホワイトの配色が
透明感をプラス

あくまでもナチュラルなカラーにこだわったエココンシャスなコーディネート。会場の壁にしつらえたグリーンやキャットグラスのネームカードがやすらぎを与え、モダンなグリーンウエディングが叶う。

花材:アジサイ、パフィオペディラム、テマリ草、キャットグラス　撮影場所／RIVIERA TOKYO

Place for Wedding

**豊かな緑の中では
さらに花嫁の美しさが映える**

ヘアメイクはナチュラルに。自然のリズムに呼吸を
合わせて、太陽の光、風の香りを心で感じながら
自然に包まれて永遠の輝きを写真に残して。まるで
森で描かれた肖像画のような一枚に。
ウエディングドレス／THE TREAT DRESSING

Table Idea

季節を感じさせる
グリーンリーフのネームカード

ゲストひとりひとりの名前をグリーンリーフに記してネームカードにしてもステキ。さわやかな心癒される演出にゲストも心からリラックスできるはず。

クリスタル付きリーフガーランド／naughty

Petit Gift Idea

人と地球にやさしい
フェアトレードのウエディングギフト

フェアトレードとは、開発途上国の人々と、公平な条件下で国際貿易を行うことを目指す貿易パートナーシップのこと。工夫次第でさまざまに使えるハート形のストーンや、手作りカードでデコレーションしてオリジナルギフトにした肌にやさしい天然素材のソープなど、見ているだけで笑顔になる、人と地球にやさしいウエディングギフトを引き出物やプチギフトに。

パレワ・ストーン／POTTO SHOP（03-3449-9197）
オーガニック素材の手作り石鹸／wool wool wool!
（http://woolwoolwool.com）

Eco Chopstick Idea

マイ箸をチョイスして
エコのメッセージを伝えて

お食事用に用意したお箸をお持ち帰りのギフトにするのも地球にやさしい素敵なアイデア。幸せなウエディングパーティから自然とエコロジーの和が繋がって。

箸「OHASHI」鉄木（箸置き付き）
／BO PROJECT（http://www.kichi-bp.com）

Petit Gift Idea
世界にグリーンを増やしたい！

自然再生や環境のために花や植物の種、球根をプチギフトにしてみては。エコロジーへの関心や小さな一歩を踏み出すきっかけになったらそれはとても素敵なこと！

Gift Idea
引き出物袋を
使い捨ての紙袋からエコバッグへ

ゲストのイニシャルを入れた心のこもったオーダーメイド。デザイン性も高くセンスも抜群！ 環境にやさしいLOHASウエディングを実現させて。

イニシャルトート／monster in my daydream
(03-5422-9264)

Buffet Idea
ゲストの健康にも配慮して
やさしいおもてなしを

目にもおいしいデザートビュッフェには、安全で、おいしくて、からだにもやさしい野菜スウィーツをセレクト。オーガニック素材にこだわったスローフードは大切なゲストの健康にも配慮したやさしいおもてなし。

グリーンショート・トマト、アボカドレアチーズ、ラディッシュサワーヨーグルト／パティスリー ポタジエ
（03-6279-7753）　縁どりレース編みクロス／naughty

Fashion Idea
世界にひとつだけの贈り物
リメイクドレスを提案

いつか生まれてくる子供のために、ウエディングドレスをリメイクしてベビードレスやチャイルドドレスに仕立てるのも素敵。初めからリメイクできるように考えられていて、リボンやビューなどの飾りが取り外しやすくデザインされている想いのこもったドレスです。そんな優しいドレスには、グリーンのフラワーを束ねただけのブーケに、白いリボンでナチュラルな印象に。

リメイクドレス／HISAKO TAKAYAMA

Table Flower Idea

テーブルフラワーを
ゲストへのプレゼントに

テーブルフラワーはフラワープランターに変えるだけでチャーミングなコーディネートに。ゲストへのプレゼントとして持ち帰ってもらうのもかわいい気配り。グリーンや花を地球に増やして身近なところから緑化を始めましょう！

Theme WEDDING

2

Antique Sweet Wedding

アンティーク スウィート ウエディング

訪れるゲストをひとりひとりエントランスでお出迎え。
スモーキーピンクのフラワーアレンジにオフホワイトのドレスを合わせてコーディネート。
ウエルカムパーティには、一口サイズのスウィーツを用意して
パーティまでの甘いひとときをプレゼント。
大切な人たちと過ごしたやさしい日々を想いながら集めた、
一枚一枚表情の異なるアンティークのプレートでテーブルセット。
ひとりひとりとの会話を楽しみながらゆったりとした時間を過ごすスモールパーティは、
ふたりの気持ちがこもったおもてなしのウエディング。
なつかしいワンピースをリングピローに。
お気に入りのバッグにお花をあしらってバッグブーケに。
手作りのぬくもりを添えて、
"ANTIQUE SWEET WEDDING"。

Key Item
キーアイテム

一口サイズのウェルカムスウィーツ・アンティークの食器
ブーケのかわりの花かごバッグ・子供の頃のワンピースで使ったリングピロー

/ *Total Coordinate Idea*
統一感のあるコーディネートで
愛される花嫁に

ウエディングドレスに合わせてコーディネートすると
全体に統一感がでます。アンティークな雰囲気のやさし
いオフホワイトのドレスにぴったりなリボンケーキ、パール
のついたバッグブーケ、オールドローズのヘッドドレス
で愛される花嫁に。

撮影場所／VILLA DOUX Inter Park
花材：ヘッドドレス＝バラ　ブーケ＝バラ、アジサイ
／MINI et MAXI

Welcome Sweets Idea

ウエルカムパーティに 一口サイズのスウィーツを用意して

カップケーキや、ドラジェ、マカロンなど色みを合わせると素敵。同じピンクでも少しスモーキーカラーをプラスするとアンティークな雰囲気に。

ケーキ、マシュマロ／Anniversary 青山店

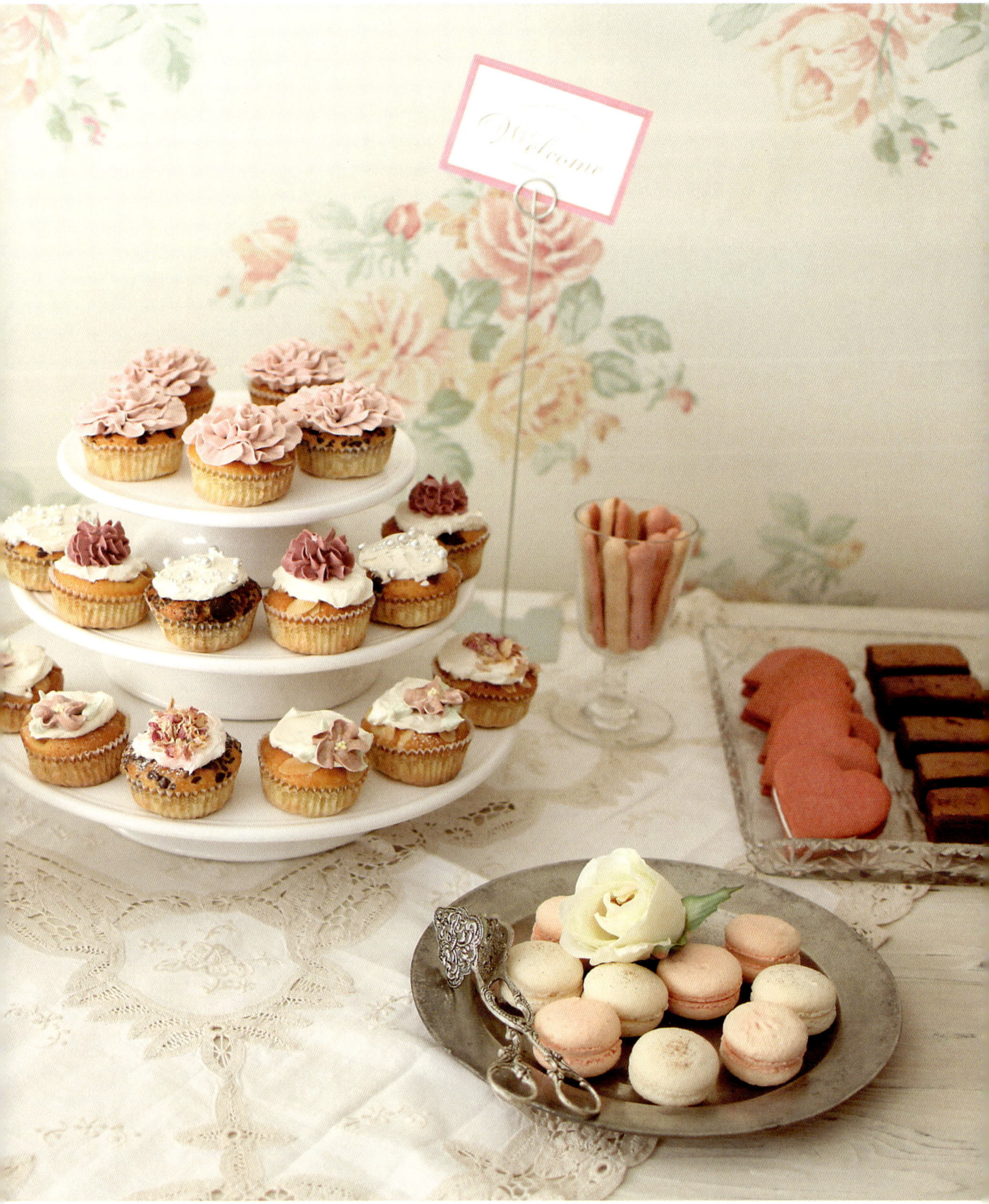
Welcome

Table Setting Idea
ゲストひとりひとりに
アンティークのお皿とナフキンを

素材の違うデザインやカラーがスタイリングのスパイスに。ナフキンには、フラワーのコサージュを添えて。ニュアンスにこだわったテーブルウェアは少人数のガーデンウエディングにぴったり。

テーブルナンバーのカード、サンキューカード／銀座・伊東屋

Table
1

Ring Pillow Idea

**手作りリングピローは
子供の頃に着たワンピースの生地や
アンティークの生地やレースを使って**

ハンドメイドのものってどこか素朴で乙女心をくすぐります。重ねて使ってもかわいい！

上＝花柄、チェックなど柄の違う生地を縫い合わせると個性的に。　中＝太いレースのリボンを3列に重ねてミシンをかけ下の生地と縫い合わせる。種類の異なったレースを使うのがポイント！　下＝なつかしい刺繍入りのコースターと下の生地を縫い合わせて。ミニマムなサイズがかわいい。
それぞれ最後にリボンやタッセルを縫い付けてできあがり！

花柄の生地、レース、リボン、タッセル
／ユザワヤ (http://www.yuzawaya.co.jp)

Bouquet Idea

手作りのロマンティックなバッグブーケ

手持ちのバッグにインテリアフラワーとちょうちょでアレンジして自分だけのガーリーなブーケに。

Ring Pillow Idea

**トーンをおさえたナチュラルなピローに
オレンジのフラワーリボンがアクセント**

ナチュラルな同系色の生地とレースで作ったシンプルなピローに、2種類のリボンを組み合わせて。ペールブルーのリボンにオレンジのフラワーリボンが好相性。清楚だけど印象的なリングピロー。

生地、パテンレース、リボン2種／ユザワヤ

Theme WEDDING

3

Oriental Modern Wedding

オリエンタルモダンウエディング

お宮参り、七五三、成人式……。
人生の節目が訪れる度に、纏ってきた日本の伝統美。
成長を祝う両親の、惜しみなく注がれる愛情と、
この国で女性として生まれたことに感謝して選ぶ花嫁衣裳。
テーマカラーに朱色を選んだら、ポイントカラーにブルーを添えて。
少し意外なカラーバランスが、伝統の中にモダンを感じさせてくれます。
日本の伝統衣裳に合わせるウエディングアイテムは、
和にとらわれず、海を越えて渡ってきた東洋のエッセンスも加えてコーディネート。
受け継いだ伝統に
現代の感性と新たな文化を加えて
"ORIENTAL MODERN WEDDING"。

Key Item
キーアイテム

和小物のウェルカムディスプレイ・陶器製のプチギフト・オリエンタルカラーのランタン
和花のテーブル装花・"和"スウィーツ・和布を貼ったメッセージカード

Welcome Idea

"温故知新"

古くからある日本の文化はなつかしくて、だけど新しい和の世界。お客様をお迎えするにあたって和の小物をエントランスにディスプレイ。バラのモチーフやリボンやキャンドル。好きな異なる要素をプラスしてテイストミックスを楽しもう。

水色のBOX、黒のトレイ
／PUFF COLLECTION（http://www.puffcorp.com）

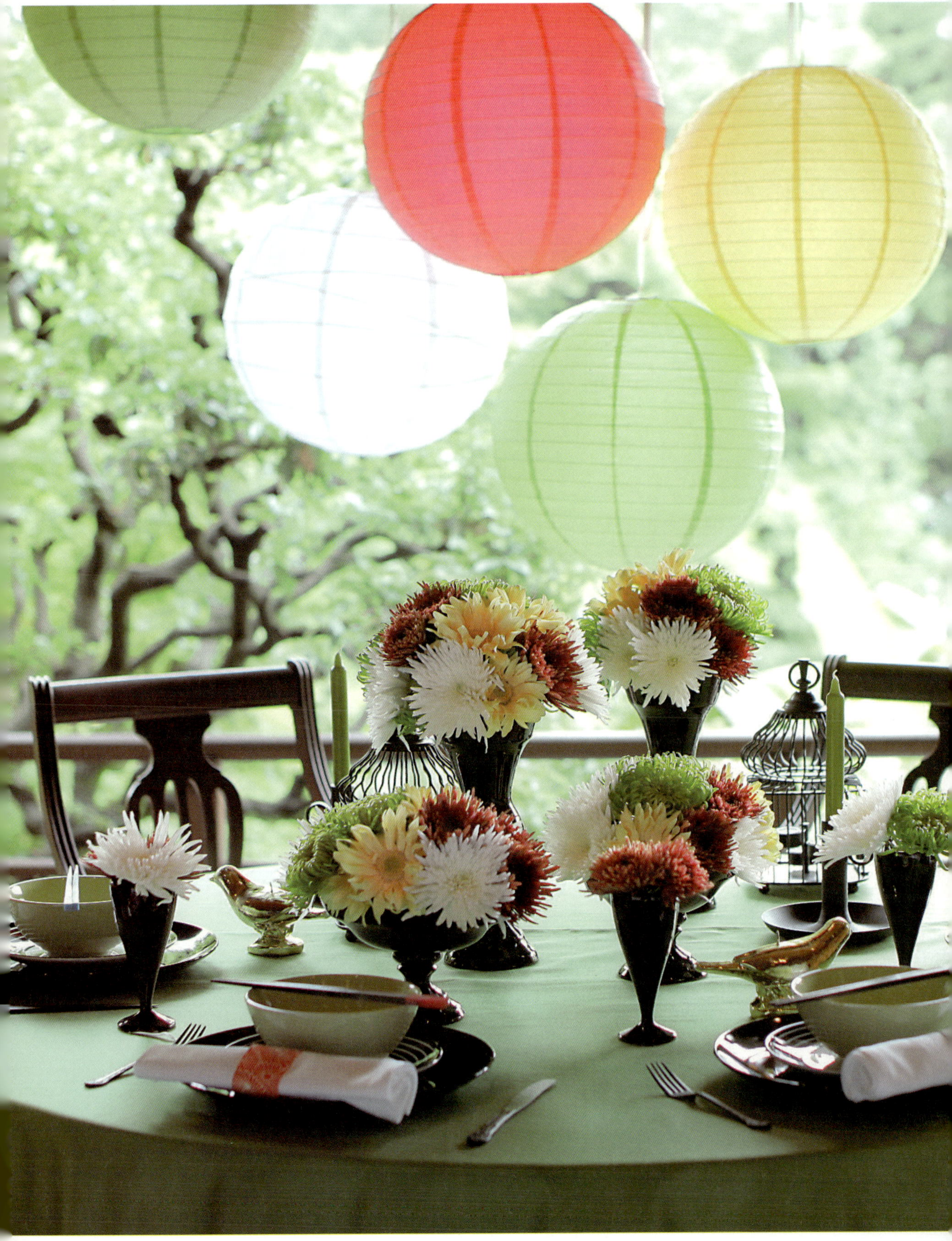

Gift Idea

使用した箸置きも
ゲストへのプチギフトに

使用した小鳥の箸置きは、BOXを用意してゲストがお持ち帰りできるように。箱に和紙などを貼り、コーディネートに合わせてハンドメイドして。

箸置き／DESIGN MORI（info@design-mori.co.jp）

Table Coordinate

和とオリエンタルの
ミックスコーディネート

シノワズリーな雰囲気の鳥カゴと遊び心のある小鳥のオブジェをディスプレイ。ピンク×イエロー×グリーンのポップな配色がネオオリエンタルモダン。菊やガーベラといった花を使って和とオリエンタルのミックスコーディネートを楽しんで。

撮影場所／THE GARDEN PLACE SOSHUEN
花材：ダリア、菊、ガーベラ／gaveta
鳥カゴ／Laura Ashley（03-5474-2642）

Color Coordinate

はっとするような配色が楽しめる
着物の魅力

色鮮やかな朱色の梅の花の着物に、清涼感のあるきれいな水色の髪飾りをポイントに。はっとするような配色が楽しめるのが着物の魅力。伝統の和と現代の洋をミックスしてモダンにコーディネートして。

撮影場所／THE GARDEN PLACE SOSHUEN
衣裳／THE TREAT DRESSING
花材：菊／gaveta

Dessert Buffet

和のファブリック＋原色使いで
和モダンコーディネート

オリエンタルモダンなイメージにコーディネートしたいならアンティークの着物のハギレや帯など、和のファブリックをディスプレイして。和のファブリックのカラーをポイントに朱赤や黒など原色を使うと和モダンな印象に。カップケーキは、和紙でラッピングして細部までこだわって。

ケーキ／Anniversary青山店（03-3797-7894）
フルーツバスケット／THE CONRAN SHOP
BOX（黒）／Laura Ashley（03-5474-2642）
（水色）／PUFF COLLECTION（http://www.puffcorp.com）

Message Card Idea

ウェルカムオブジェには
和のテイストを盛り込んで

竹細工でできたバスケットに、和布を貼りハンドメイドした席札やゲストからふたりへのメッセージカードをディスプレイ。リボンやフラワーなどでオリジナリティをプラスして。

"Wa" Sweets

"おめでたい"にかけて、鯛焼きを！

食べても美味しく、見た目にも愛らしく、水引などで飾り付けるとおしゃれ度UP。引き菓子にも人気の一品です。

Theme
WEDDING

4

Resort Garden Wedding

リゾートガーデンウエディング

降り注ぐ光は、芝のグリーンをより鮮明に、海の青をより深いブルーに映し出します。
耳をくすぐるのは、打ち寄せる波と、潮の香りを運ぶ風の音。
海辺のリゾートを約束の場所に選んだら、
自然の持つ、その力強い美しさを全身に感じられるガーデンがパーティ会場。
広がる芝の上にパラソルを添えたテーブルを並べてセッティング。
ブルー×ホワイトはシーサイドウエディングでは譲れないカラーバランスです。
ブーケやカクテルテーブルのアレンジには、
ビビッドなカラーのお花を大胆に使ってリゾート気分を盛り上げます。
太陽が水平線に近づいて、空がオレンジ色に染まり始めたら、
キャンドルに炎を灯して、トワイライトパーティへ。
うつりゆく時の流れとともに表情を変えます。
"RESORT GARDEN WEDDING"。

Key Item
キーアイテム

マリンカラーのテーブルクロス＆食器・南国フラワーアレンジ
貝殻のウエルカムボード・大振りなグラスキャンドルいっぱいのトワイライトウエディング

Table Setting Idea
マリンを象徴する白とブルー

マリン定番のボーダー柄のクロスでさわやかにコーディネート。花瓶の水をブルーのインクで色付けするだけで、花の白さが輝いて引き立ちます。ハンドメイドのカードにもブルーを取り入れて。

花材:アマリリス、ビバーナム、デンファレ
撮影場所／SEASIDE RIVIERA

Cocktail Party

青空とプールのブルーに映える
南国カラーのフラワーたち

プールサイドでのカクテルパーティを華やかに演出するのは、濃いピンクやイエローグリーンのフラワーたち。青空とプールのブルーに映えるカラーをセレクトして。ヒトデや貝殻をディスプレイしたら完璧！

花材：モカラ、シンビジューム、デンファレ
撮影場所／SEASIDE RIVIERA

Bouquet Idea

さりげなく抱えて持ちたい
大人のブーケスタイル

ライラックを束ねたボリュームのあるブーケは、リゾートシーンにぴったり。周囲の景色とのコントラスが美しい。

花材：ライラック

Bouquet Idea

集めたのは
大好きなさわやか夏色カラー

パープルに補色のグリーンイエローを合わせると新鮮なイメージ。ブルーをプラスして大人のマリンに。

花材：カーネーション、ビバーナム、アジサイ

Welcome Car

笑顔がこぼれる！
ハートをかたどったラブリーな "Just Married"

車好きのふたりならウェルカムカーが断然おすすめ！
マイカーのカラーに合わせてフラワーコーディネート
してはいかが？ ライラックのパープルとレモンイエロー
のリボンで愛車をいつもよりもおめかしして！

花材：ライラック
撮影場所／THE LUIGANS

Welcome Board

アートな雰囲気漂う
ハイセンスな夏のデザインボード

ハンドメイドのウェルカムボードは、貝殻をあしらって
リゾートテイストに。モノクロやセピアに写真をプリント
するだけでぐっとおしゃれな印象に。

撮影場所／THE LUIGANS

Romantic Candle Twilight

人の心を和ませる
ロマンティックな贈り物

大空をピンクやブルーグレーに染めていく、夕陽が眺められるサンセットタイム。それは、リゾートウエディングでしか味わうことのできない大自然からの素敵な贈り物。キャンドルを灯してロマンティックな時間を。

撮影場所／SEASIDE RIVIERA

Sunset Party

ふたりのシルエットが美しい……
幸せに出逢うサンセットタイム

リゾートでのパーティなら、時間の流れを上手に使って昼から夜のがらりと変わる神秘的な大空の移り変わりも演出の一つに。日が沈み薄暮の時間はマジックタイム。グラデーションに彩られた自然をバックに素敵な一枚をカメラに収めて。

My Wedding Note
KEY ITEMS FOR THEME & COLOR

マイウエディングノート 〜テーマを伝えるキーアイテム〜

ウエディングをトータルでコーディネートするために、ふたりのテーマ＆カラーを表すキーアイテムを集めていきましょう

Key Items for Theme & Color
テーマを伝えるキーアイテム

Q1 ウエディングテーマは？（　　　　　　　　　　　　　　　　　　　　　　　　　　　　　　　　）

Q2 テーマカラーは？　　（　　　　　　　　　　　　　　　　　　　　　　　　　　　　　　　　）

Q3 ふたりのウエディングテーマを表すアイデア＆キーアイテムを考えてみましょう

（　　　　　　　　　　　　　　　　　　　　　　　　　　　　　）

（　　　　　　　　　　　　　　　　　　　　　　　　　　　　　）

（　　　　　　　　　　　　　　　　　　　　　　　　　　　　　）

（　　　　　　　　　　　　　　　　　　　　　　　　　　　　　）

（　　　　　　　　　　　　　　　　　　　　　　　　　　　　　）

（　　　　　　　　　　　　　　　　　　　　　　　　　　　　　）

（　　　　　　　　　　　　　　　　　　　　　　　　　　　　　）

（　　　　　　　　　　　　　　　　　　　　　　　　　　　　　）

EXAMPLE

Q1 ウエディングテーマは？（　　エコグリーン　　　　　　　　　　　　　　）

Q2 テーマカラーは？　　（　　グリーン　　　　　　　　　　　　　　　　）

Q3 ふたりのウエディングテーマを表すアイデア＆キーアイテムを考えてみましょう

（　ゲストになにかグリーンのものを身につけてきてもらう　→　招待状にドレスコードを入れる　）
（　ゲストテーブル装花を鉢植えのお花にして、ゲストに持って帰ってもらう　　　　　　　　　）
（　引き出物袋を布製のエコバックにする　　　　　　　　　　　　　　　　　　　　　　　　）
（　エコ箸のプレゼント　　　　　　　　　　　　　　　　　　　　　　　　　　　　　　　　）

Key Item Ideas

ふたりのウェディングテーマを表すキーアイテムのアイデアをスケッチしたり、写真をコラージュしてみましょう

IDEA 1

IDEA 2

IDEA 3

IDEA 4

IDEA 5

IDEA 6

IDEA 7

IDEA 8

IDEA 9

Lesson 5
Handmade Items
ハンドメイドアイテム

テーマ＆カラーに沿ったウエディングアイテム

結婚式当日はもちろん、その日を迎えるまでの準備の時間も花嫁にとってはとても幸せなひとときです。幸福を感じながら過ごすその時間を使ってハンドメイドのアイテムを用意されてはいかがですか。テーマ＆カラーに沿って作ってみましょう。ひとりひとりを思いながら仕上げられたウエディングアイテムは、きっとふたりからの感謝の気持ちも一緒にゲストの心に届けられることでしょう。

How to make?

Paper Flower
簡単にできるペーパーフラワーが
繊細で華やかなデコレーションに

材料：ピンク＆パープルのお花紙、造花用の花芯（ペップ）

1. 数枚重ねたお花紙をジャバラに折り畳み、真ん中を手芸用の花芯（ペップ）で縛り固定します。ジャバラの幅や折り目のつけ具合の強弱で、花びらの表情が変わるので、お好みに合わせて作ってみて。

2. 重ねて折ったお花紙を、花芯の方へ一枚一枚引き出していきます。最後に、形を整えたらできあがり。

Flower

ペーパーフラワー

ナプキンやネームカードを飾るペーパーフラワーは
簡単にできるのにエレガントな演出ができるアイテム。
色はあなたのテーマカラーに合わせてセレクトして。

レースクロス、ワイヤー付きグラス／naughty

Initial

イニシャルモチーフ

ふたりのイニシャルを刻印して特別な日を楽しみましょう。
ギフトにはゲストひとりひとりのイニシャルをデコレーションして。
心のこもったおもてなしスタイリング。

Stenciled Items

ふたりのイニシャルを
ステンシルでデコレーション

材料：厚紙、スタンプインク、ステンシルしたいアイテム
ここでは、ナフキン、キャンドル、
キャンドルに貼る白地のシール、レースペーパー

1. ふたりのイニシャルを厚紙に複写して切り抜き、型紙を作ります。ステンシルしたいアイテムに合わせて、大きさの違うものを用意してみましょう。

2. ステンシルしたいアイテムに型紙をあて、スタンプインクを押しあて色をつけていきます。スタンプインク以外にも、ステンシル用のブラシや、スポンジ・筆などにインクをつけて色をのせる方法も。インクが乾いたらできあがり。

レースペーパー（M・SS）／naughty
白＆茶色のナフキン／東急ハンズ渋谷店

Decoration with Ribbon & Beads

ワイヤービーズで自由自在！
ゲストひとりひとりのイニシャルをかたどって
心を込めたギフトデコレーション

材料：ワイヤー、ビーズ、リボン、レースペーパー

1. ギフトボックスに、レースペーパーとリボンでラッピングします。

2. ワイヤーにビーズを通して、アルファベットの形を作り、ギフトボックスのリボンに取り付ければできあがり。

ビーズ、カラーワイヤー／東急ハンズ渋谷店
白いBOX／シモジマ浅草橋5号館店

Ribbon

リボンで彩る

リボンを使ってゲストを楽しませる手作りアイデアはいかが？
ウエルカムボードと同じ素材のゲストコサージュ、
帰りには同じデザインのペーパーバッグに
プレゼントをしのばせて。

How to make?

Guest Corsage
質感の違うリボンを重ねて作る
ゲストコサージュ

材料：質感の違うリボン、ゴールド＆シルバーのシール

1 輪っか状にしたリボンを4つ作ります。2つを十字に重ねて組み、できた2組をさらに斜めに重ねて縫い合わせ土台を作ります。両端をカットしたリボンを2つ折りにして土台につけ、コサージュのリボンにします。

2 土台に合わせて円状にタックを寄せながら、テープなどでリボンを固定していきます。中央にゲストの名前を書いたシールを貼り付けたらできあがり。

リボン／シモジマ浅草橋5号館店
シール／PUFF COLLECTION (http://www.puffcorp.com)

How to make?

Petit Gift Bag
市販のペーパーバッグを
太めのリボンでキュートなギフトバッグに！

材料：ペーパーバッグ、リボン

1 バッグの口の折り返し部分を残し、片面につき4本ずつリボンの幅に合わせた切り込みをタテに入れます。

2 切り込みにリボンを通しバッグを1周させます。前になる面の中央で、端をテープで繋ぎ、繋ぎ目が隠れるように、端をカットした別のリボンを被せ通します。ギフトを入れ、バッグの口を折り返せばできあがり。

リボン、黄色のペーパーバッグ／シモジマ浅草橋5号館店

Shop Recommend

材料を探すなら…

東急ハンズ	http://www.tokyu-hands.co.jp
シモジマ	http://www.shimojima.co.jp
オカダヤ	http://www.okadaya.co.jp
ユザワヤ	http://www.yuzawaya.co.jp
ラ・ドログリー	http://www.ladroguerie.jp

Lesson 6
Surprise Ideas for GUESTS

ゲストへのサプライズアイデア

パーティのお料理や引き出物、プチギフトはふたりからゲストへの感謝の気持ちを表す贈り物です。
そんな定番の贈り物とは別に、ゲストがびっくりするようなサプライズプレゼントをちりばめてみてはいかがですか？
ふたりの心遣いやおもてなしの気持ちが伝わって、いつまでもゲストの心に残る結婚式になるでしょう。

No. 1
Napkins with Initials
ナフキンにイニシャル

テーブルセットのナフキンにゲスト全員それぞれのイニシャルを刺繍で入れておきます。パーティ会場に入り、自分の席を見つけたゲストは席札やメッセージカードとともにセットされた、このナフキンにびっくり。もちろん持ち帰ってもらえる、ふたりからのプレゼント。

No. 2
Birthday Cake for Guest
サプライズバースデー

結婚式当日や、その月に誕生日を迎えるゲストがいたら、ぜひお祝いしてあげましょう。バースデーソングを合図に会場の照明を少しおとし、キャンドルが灯ったバースデーケーキを手にした新郎新婦がゲストテーブルへ。大切な人の誕生日をウエディングデーに選んでも。

No. 3
Dragée in Wedding Cake
ケーキにドラジェをしのばせて

デザートタイムに取り分けられたウエディングケーキの中に、数人分だけドラジェを隠し入れておきます。ドラジェ入りのケーキを食べたゲストには、ふたりからプレゼントが。プレゼントが新婦からのキスなら当たりはひとりだけ、事前にお父様をこっそり指名して。

No. 4 Gift for Kids
絵本やぬりえのプレゼント

子供の席はナフキンの折り方を変えたり、イラストを添えた席札を用意して、キュートにセッティング。絵本やぬりえ、おもちゃを用意しておけば赤ちゃんにも楽しい時間を過ごしてもらえそう。自分の席を見つけた時のうれしい笑顔は周囲のゲストの心もあたためてくれます。

No. 5 Flower Bouquet on the Table
ブーケを集めたテーブルアレンジ

フラワーベースにブーケをさしテーブルの人数分集めて仕上げたテーブルアレンジは、そのままふたりからのプレゼント。お見送りの時に渡します。かわいいブーケはご自宅でそのまま飾って楽しんでもらえます。男性ゲストには奥様への素敵なプレゼントになりますね。

No. 6 Flower Corsage with Guest Card
ゲストカードにコサージュを添えて

受付で、ゲストにコサージュのプレゼント。男性はスーツのフラワーホールに、女性はヘアアクセサリーに。会場とコーディネートされたおそろいのコサージュを身につければ、ゲスト全員に一体感が生まれ、これから始まるパーティへの期待がよりいっそう膨らみます。

No. 7 Photo Petit Gift
パーティの写真をプレゼント

ガーデンや会場で全員の集合写真を撮影したら、パーティ中にプリントしてお見送りの時にプレゼント。ほんの少し前の瞬間がうつし出された写真はプチサプライズ。感謝を綴ったメッセージカードも添えて、今日のウエディングを思い出に変えて持ち帰ってもらいます。

No. 8 Gift for Your Precious People
花束の代わりに

両親への感謝の気持ちを伝えるプレゼントは、花束でなくてもかまいません。生まれた時の体重のぬいぐるみや、今までの日々や思い出を集めたアルバムなど、気持ちのこもったプレゼントを渡しましょう。おばあちゃんやお兄ちゃんなど大好きな家族にも想いの伝わる何かを用意して。

"スマイルウエディング"のディレクション

The Works of
WEDDING
Direction

BY SMILE WEDDING

ワキリエ率いるSMILE D.C.のウエディングプロジェクト"スマイルウエディング"の
ディレクションは大きく2つの仕事に分けられます。
ひとつは、本当の結婚式のディレクション。
ひとつは、結婚式場やドレスブランドなどのブランディングとアートディレクションです。
ここでは、"スマイルウエディング"の実際の作品と
"スマイルウエディング"を創るクリエーターたちからのメッセージをご紹介します。

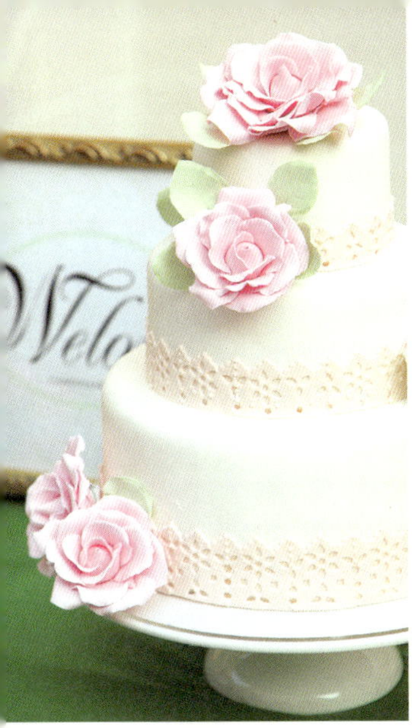
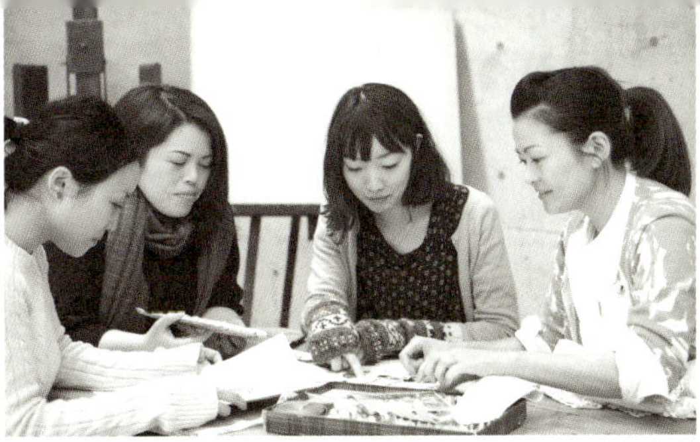
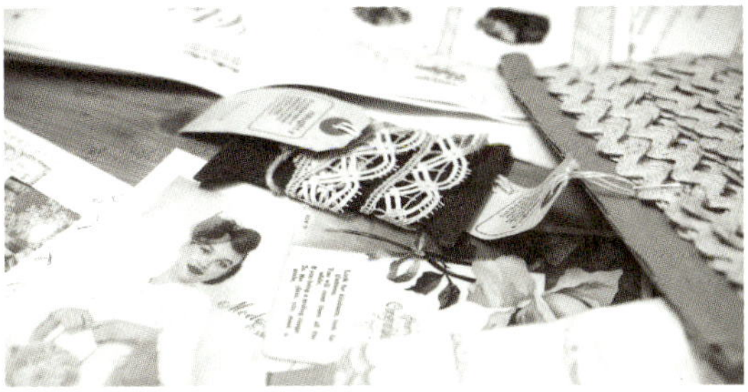
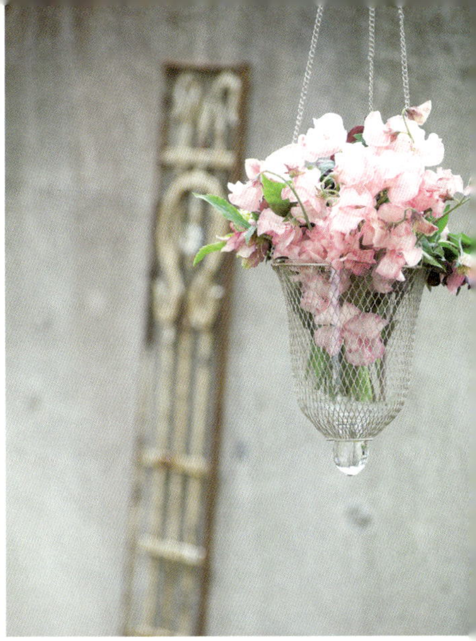
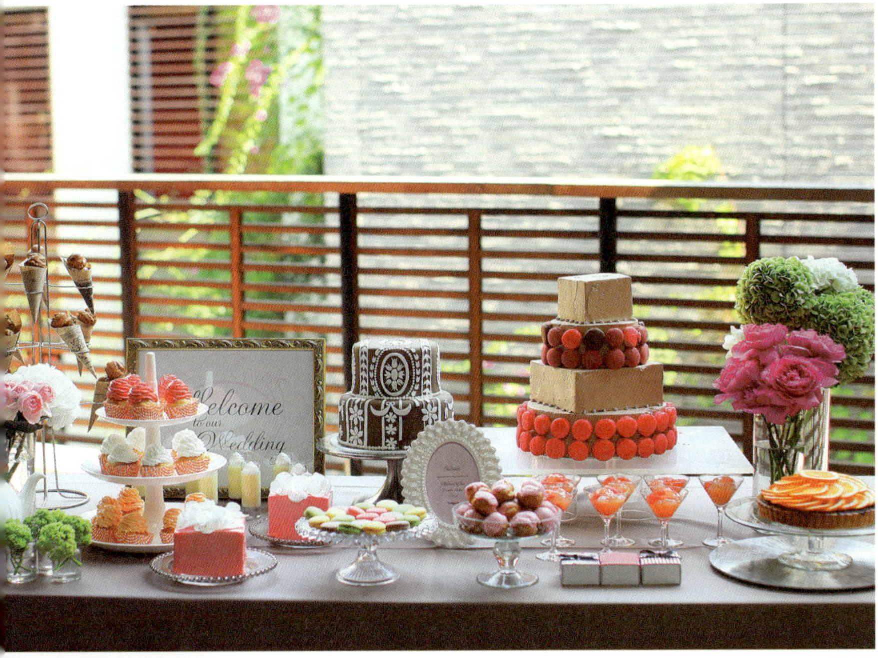
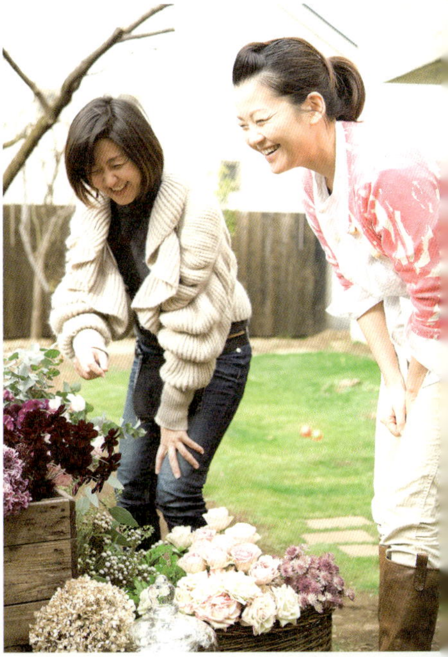
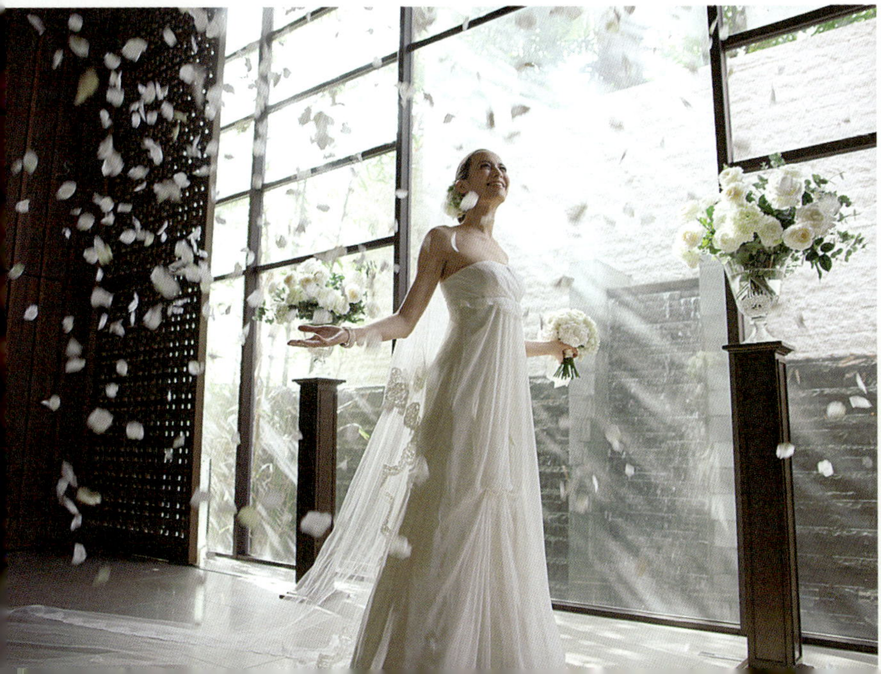
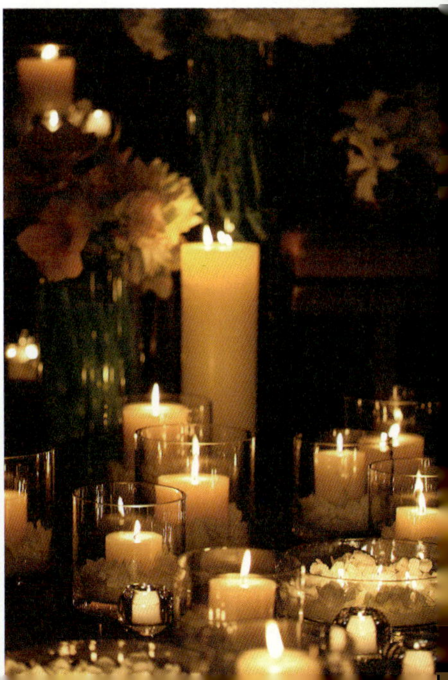

The Works of
WEDDING
Direction

BY SMILE WEDDING

1

REAL WEDDING DIRECTION

結婚式のディレクション

結婚式をトータルディレクションすること。それは、ふたりの想いをかたちにすること。
まずは、お話をじっくり伺うことからはじまります。
出会い、思い出、趣味、好きな色やお花、大切に思う人……。
どんなカップルにも、個性があって、魅力があって、
それがふたりらしいウエディングを作るヒントになるのです。
だから、ふたりのことをもっともっと知りたくなって、お話をはじめると2、3時間があっという間に過ぎています。
お話をしていると、どんどんアイデアが集まっていって、
最初は漠然としていた結婚式のイメージが具体的にまとまっていきます。
そのイメージから、ふたりにぴったりの会場やドレスブランド、ヘアメイクアーティストをご紹介したり、
フラワーアレンジやテーブルコーディネートのアイデアを出したり、
ペーパーアイテムのデザインをしたり……。
ウエディングを総合的に演出するお手伝いをしていきます。
結婚式当日。「あのふたりらしいね」ゲストからそんな声が上がって、
ふたりの大満足の笑顔に出会えたときが、とっても幸せな瞬間です。

私の著書『スマイル ウエディング ブック』がきっかけになり、
モデルの美香さんの結婚式のコーディネートをお手伝いすることになりました。
それは、衣裳選びでの出来事。美香さんが打掛を手にしたその瞬間、
少女のような笑顔と一緒にキラキラと光る涙が溢れました。
ひとりの女性が花嫁になるということは、結婚式当日一日だけの出来事ではないのかもしれません。
衣裳を選んで、ヘアメイクリハーサルをして、コーディネートを考えて、アイテムを選んで……。
結婚式の準備をする時間を使って、じっくりと女性は花嫁になっていくのではないでしょうか。
あの時の美香さんの涙と、打ち合わせの度に輝きを増していく笑顔がそれを改めて感じさせてくれました。
結婚式までのひとつひとつの瞬間がドキドキの連続で、女性が花嫁になるための幸せな時間なのです。
その時間を大切に過ごして、輝く笑顔をまとった、あなたらしいウエディングデーを迎えてください。

Message from
Mika
model

普段からいろいろ夢みることが大切！

『スマイル ウエディング ブック』を書店で見て、表紙にズキュンときました。めくればめくるほど世界観に引き込まれ、著者のワキリエさんに興味が出て。自分を止められなくなって、連絡したんです。

はじめてのことだから、何をどう決めていいか迷っていたとき、ワキリエさんのアドバイスで、テーマカラーとテーマのお花を決めることに。これで、いろいろな選択に迷うことがなくなったと思います。私の場合、カラーは「ピンク」、お花は「サクラ」と決めたので、そこからサクラ色のデザートにしたり、テーブルクロスの色も、ウェルカムボードのモチーフもつながっていきました。式当日にサクラの開花宣言があり、ゲストの方にもより強く印象を持ってもらえたと思います。ワキリエさんに「きっと美香ちゃんは THE TREAT DRESSING のドレスが好きよ。絶対後悔しないから行ってみて」といわれ、京都まで試着に行きました。そしたら本当にかわいくて！ 仕事柄ドレスを着ることにはなれているのですが、ワクワク＆ドキドキがありました。小物もヘッドアクセもかわいくて、ひとつに決められないくらいでした。

これから結婚する女の子に伝えたいことは、普段からいろいろ夢みることが大切だということ。スマイルウエディングの世界観には、これから結婚する花嫁たちをワクワクさせる期待感がいっぱいつまっていると思います。

美香 ●MIKA／モデル（IARA）
『美人百花』をはじめ多くのファッション誌のカバーで大活躍。著書『美人ガイド』シリーズは大好評で、彼女の大人かわいい着こなしやライフスタイルのファン多数。
公式ブログ「Mika's Net」http://ameblo.jp/mikasnet

Sakura Wedding

サクラの季節の結婚式。白無垢や色打掛など、日本ならではの大人の華やかな結婚式にしたい！ という美香さんのお話を聞いて、天井も高く、広い会場だったので、お花はサクラしかない！ とご提案。真っ赤な打掛を着た美香さんが、桜並木のなかを歩いて入場するシーンは、幻想的で息をのむほどでした。美香さんの凛とした華やかな花嫁姿がとても印象的でした。

雑誌『美人百花』でのウエディング特集ページより
写真／小林幹幸さん　ヘアメイク／黒田啓蔵さん

Invitation

招待状は、テーマに合わせて、オリジナルで、ジャパニーズモダンのデザインにしました。ピンクのキラキラの箔押しが華やか。サンクスカードの席札の内側には、美香さんがメッセージを。ゲストひとりひとりへの感謝の気持ちが伝わります。ファッション大好きな美香さんに合わせて、バッグブーケを FUGA に作ってもらいました。ドレスとアクセサリーはすべて THE TREAT DRESSING で、トータルコーディネート。

Bouquet

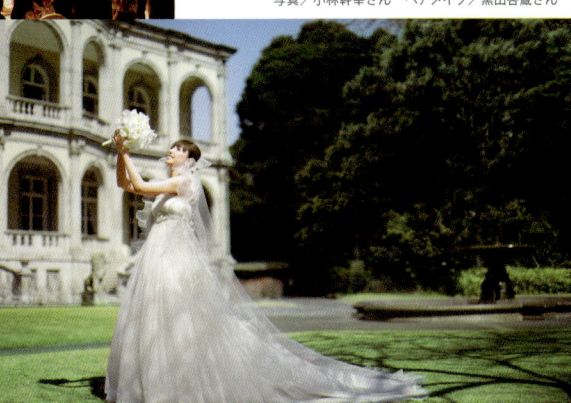

Real Wedding Produce
本当の結婚式のプロデュース

Seaside Wedding

ふたりが選んだ場所は海辺のリゾート。シーサイドや芝生の広がるガーデン、パームツリーの木陰……。素敵なフォトスポットが沢山あったので、当日は少し早めにお支度をして、ロケーション撮影。スマイルウエディングプロデュースで写真集アルバムを作成。ヘアメイクは、ひとみりさんさん、写真は、小林幹幸さん。

真夏の夜の夢をテーマに招待状と席札を作成。

White Wedding

ウエディングテーマカラーはホワイト。ロマンティックなクリスマスシーズンのブライズスタイリングはニュアンスの異なるホワイトをバランスよく配置して。コサージュにコットンを加えたヘアアレンジで、季節感を表現しました。

WEDDING at SEASIDE RIVIERA

Message from
Risa Hitomi
hair & Makeup Artist

オリジナリティのアイデアがいっぱい

"スマイルウエディング"のプロデュースする式でヘアメイクのお手伝いをしたとき感心したのは、お金をすごくかけなくても、オリジナリティをきちんと出せる実例を見せてもらったことです。ウエディング用の特別なものじゃなくても、アンティークの髪飾りとか生花とか、ワクにとらわれない自由な発想。小さい帽子や高い羽が、甘いけどかっこいいに転んだり……。どれもすごいアイデアだと思いました。今はウイッグもたくさんあるので、短い髪でも対応できるし、和装のときはシンプルにすると演歌歌手みたいになっちゃうから（笑）、上手にお花でシルエットを使ったり、シャープなお花で飾ったり。なかなか普通に生活していると出ないアイデアもあるので、どんどんプロに相談してみることが大切だと思います。

ひとみりささん●ヘアメイクアーティスト（BLANCO）
美容学校卒業後、ロンドン留学。パリコレや東京コレクションでブランドのヘアメイクを担当するほか、さまざまな雑誌でも活躍。
http://www.blanco.co.jp

Message from
Naoko Ishii
stylist

自分らしいスタイルは普段の買い物のなかに

ワキリエさんの仕事は、オーケストラの指揮者のように、写真家やスタイリスト、ヘア＆メイクアップアーティスト、フラワーデザイナーの個性を引出し、調和させながら、ひとつのイメージを創っていきます。こんなイメージにしたい！というリクエストに対し、感性豊かに応えてくれます。「普段、こんなことが好きで、そういう装いをするなら、ウエディングではこういうのがいいんじゃない？」と明確に答えを出して、指揮してくれる。
結婚するときに何を着ようかと迷ったときに、普段の自分とかけ離れてしまうことが多いけれど、ライフスタイルを生かすことを考えるといいかも。普段の買い物の中にも、自分らしいかわいいウエディンググッズが隠れていると思って、靴屋さんでもドレスに合う靴がないか探してみるといいんじゃないかな。ドレスに＋αできれいなアンティークの何かを重ね着してみるとか。それが自分らしい結婚式を作る"スマイルウエディング"になるんだと思います。

石井なお子さん●スタイリスト
雑誌、広告で活躍する他、パリのアンティーク中心のセレクトショップ「naughty」を経営。アンティークテイストからモダンスタイリングまでアイデアいっぱいでクライアントからの指名も多い。http://naughtyyard.com/

The Works of
WEDDING
Direction

BY SMILE WEDDING

2

BRANDING & ART DIRECTION

ブランディング&アートディレクション

デザインの勉強をしたアメリカから帰国後10年間、「日本のウエディングをもっと素敵に」という想いで、
結婚式場をはじめ、ホテル、レストラン、ドレスショップなどの
パンフレットや広告ビジュアルの制作をしてきました。
日本のウエディングは、そして日本の花嫁は、もっともっと素敵になれる。
その想いは今も変わらず持ち続けています。
パンフレットや広告の制作をすることが、日本のウエディングがセンスアップしてくことや
輝く笑顔をまとった花嫁がたくさん生まれることに繋がっていけばいいなって思っています。
だから、会場のパンフレットを手にしたふたりに、
「こんなフラワーアレンジにしよう」とか、「このスタイリングをまねしてみたい」と思ってもらえたり、
ケーキやギフトなど、アイテム選びのヒントを見つけてもらえたら、本当にうれしいです。
最近では、式場のオリジナルテーブルコーディネートのディレクションや、
パーティ会場のインテリアアドバイス、ニューオープンの会場のブランディングも手掛けています。

会場のブランディングやアートディレクションに携わるときに大切にしていること、
それは実際の結婚式のお手伝いをするときと同じ、「〜らしさ」です。
その会場らしさ、そのブランドらしさ……。
まずはそれを客観的な視点で捉えて、他にはない魅力を見いだします。
そして、式場・ホテル・レストラン……それぞれが持つ顧客に伝えたいイメージやメッセージとリンクさせて
オンリーワンの世界観を作り、効果的なビジュアルで表現していく。
だから、"スマイルウエディング"のアートディレクションのパターンは、
会場やそれを手がける人が持つ想いの数だけ存在します。
結婚式のディレクションと同じように、すべてが唯一無二のものでありたいと思うのです。

日本のウエディングは、全国各地にスタイリッシュな会場がどんどん増えていて、
素敵なドレスショップが生まれて、日々進化を続けています。
その中で、"スマイルウエディング"も、
日本のウエディングがもっともっと素敵になるためのエッセンスになりたいと願っています。

Message from
Motoyuki Kobayashi
photographer

「人を幸せにしたい！」ハッピークリエイティブ

リエさんの世界観は、一言でいうと「永遠の女の子」。海外生活での感覚や経験が、彼女ならではの夢のあるイメージを作り出しています。スペシャルなサプライズのアイデアが豊富で、素敵になる魔法をかけている感じです。リエさんには、「人を幸せにしたい！」という気持ちが強く、それも創作の意欲になっていると感じます。ハッピーとクリエイティブが密接にくっついているのだと思います。
式場などの広告撮影の時は、建物の中に花嫁が入り込んだときにどう動くか想像できるよう、撮影するようにディレクションされ、ストーリーを感じる写真になります。この本の写真が、結婚式の写真を撮る人にも参考になればうれしいです。

小林幹幸さん●写真家（Eg5 management）
スマイルウエディングのほとんどの写真を撮影。ウエディングファッションフォトの第一人者。清楚感と幸せ感あるナチュラルな写真は、いつの時代も変わらず、魅力的で見る人を惹き付ける力がある。
http://motoyukikobayashi.com/

Branding Direction

ドレスブランド・シューズブランド・ホテル・レストランなどのブランディングのディレクション。イメージやコンセプトを明確にして、そのブランド独自の世界をビジュアルで表現していきます。一枚の写真だけでその世界観を伝えていくこともあれば、ブランドイメージをストーリーにしてカタログに仕上げることもあります。大切なことは、そのブランドの個性を表現した世界観を作ることです。

"BENIR" Wedding Shoes Catalogue

Jewelry Brand "JOIE DE TREAT" image Visual

Dress Brand "JUNO" Dress Catalogue

Message from
Yoko Yamashiro
THE TREAT DRESSING Producer

トリートの世界観を一緒に創る大切なパートナー

リエさんとは9年前、当時ウエディングプランナーをしていた頃、パーティ会場の撮影やパンフレットの制作などの依頼をしたことがきっかけで出会いました。当時、撮影用のドレスを選んでいる時や、担当しているおふたりにドレスショップをご紹介する時に、「もっと素敵なドレスがあればいいのに」と思っていた私は、ドレスショップを作ることを決めました。
そうしてできたドレスショップ THE TREAT DRESSING は、ブランディングからパンフレットの制作まで、ゼロからリエさんと創ってきました。リエさんは、私の好きなものをすぐに分かってくれて、なんとなくのイメージでも、「山ちゃんがイメージしてるのってこんなかんじでしょ」と、その時々に合った提案をしてくれます。
だから、トリートの世界観を作っていく上でも、それをお客様に伝えていく上でも、そして今ではプライベートでも、私にとってはかけがえのない存在です。
ドレスは、花嫁にとってとても大切なアイテム。この本を参考にアクセサリーやヘッドなどの小物にもこだわって、トータルでおしゃれして欲しいです。

山城葉子さん●THE TREAT DRESSING プロデューサー
トリートドレッシングショップ作りからドレスバイイングまで、トリートのすべてをプロデュースするスーパーウーマン。女優やセレブリティのウエディングドレスコーディネートも多数手掛ける。
http://www.treatdressing.jp

Dress Brand "THE TREAT DRESSING"
Dress Catalogoue & DM

Coordinate

会場オリジナルのテーブルコーディネートの提案。パーティルームの印象を左右するテーブルコーディネート。同じ会場がテーブルのアレンジで全く違う表情をみせてくれます。

"CANOVIANO CLASSICO" Table Coordinate

"WATABE WEDDING" Wedding Album

スナップアルバムやペーパーアイテム、ギフトのパッケージなど、ウエディンググッズのデザイン&プロデュース。そのウエディンググッズを手に取った人の笑顔を想像しながら、女性が見て、かわいい！欲しい！と思うようなモノ作りを心がけています。

"ORIENTAL HOTEL" Image Visual

Art Direction

ウエディングのアートディレクションで大切なことは、その写真やカタログを目にした未来の花嫁が、自分自身を思わず重ね合わせるようなシーンを作り出すことです。そして、その場所に差し込む光や流れる空気の心地よさなど、五感に伝わるようなビジュアルを作っていきたいと思っています。

Message from
ANNIE
model

HAPPY で優しい気持ちにさせてくれる人

"スマイルウエディング"のワキリエさんとは、ウエディングシーンのモデルの仕事で何度もご一緒しました。ウエディング・ヴィジュアル・ディレクターは、さまざまなウエディングイメージを演出する仕事。周りにいる人が常に笑顔でいられる。一緒にいて HAPPY で優しい気持ちにさせてくれる人です。そんなオーラが出ている気がします。見た人がウエディングに憧れをもって、自分と置き換えられるようなリアリティが必要だと思いながら撮影に挑む楽しい仕事です。

アニー●モデル（AMAZONE）
国内外の広告や雑誌、ショー等で活躍。
透明感ある凛とした雰囲気で、彼女の周りの空気を晴れやかにする魅力の持ち主。

Message from
Yuko Magata
stylist

かわいい！が大好き

私とワキさんの共通点は「かわいい！」が好きなこと。いつも、かわいいもの探しをしています（笑）。独自の世界観があって、OKとNGの判断が一貫していて、スタイリングの合わせ方が、いさぎよく、一緒に仕事をしていると楽しい発見があります。ウエディングパーティで自分だけのセンスを出すためには、今あるものに、自分の個性をプラスするのが簡単。たとえば、お皿やクロスなどは決まっていても、そこに自分の好きなお花をナプキンに一輪添えるだけでも、自分の個性は出せますよ。ゲストが見た時に、かわいい！と言ってもらえそう。

曲田有子さん●スタイリスト
料理、雑貨スタイリスト。大人かわいく、ほっと和む空気作りに定評がある。テーブルセッティングの知識を生かし、講師としても人気。著書に『girly style book コーディネート・レッスン』

Message from
Satoshi Nihouda
hair & Make up Artist

いつものファッションや、好きな小物など具体的に伝えて

ウエディングの撮影で意識するのは、ちょっとした特別感です。肌のつくりもナチュラルに見せようとするけど、クオリティの高い肌を求めて、普段以上に手をかけます。ヘアメイクをしているので、形やサイズなど細かいところを見てしまうけれど、リエさんは会場全体を見て、ディレクションしていく。相対的に視野が広いことが勉強になります。時代を超えて、良いものを知っていて、チョイスの幅が広いことですね。
実際のウエディングのときには、ヘアメイクをしてくれる人にイメージを伝えるには、普段のファッションや、好きな小物など本や雑誌の切り抜きを持っていったり、好きな花の種類やインテリアを、ファイルにするとか具体的に伝えると理想に近づけると思います。

二法田サトシさん●ヘアメイクアーティスト（ラ・ドンナ）
ビューティー、ファッションページ、広告、アーティストの撮影等で大人気の二法田さん。ナチュラルメイクからハイモードまでを幅広く手掛ける。上品とおしゃれさを兼ねそなえたヘアメイクが得意。

ご協力いただいた素敵なショップ&会場

ウエディングドレス

THE TREAT DRESSING	TEL:078-333-7535	http://www.treatdressing.jp
JUNO	TEL:092-736-3412	http://juno-dress.jp
Merry・Marry	TEL:03-5475-7761	http://www.merry-marry.net
HISAKO TAKAYAMA	TEL:03-6252-0880	http://www.hisako-takayama.com
DORIAN GRAY	TEL:03-3481-0133	http://www.dorian-gray.net
FOR flowers of romance / la fleur	TEL:045-402-2915	
BENIR	TEL:078-222-0511	http://www.benir-wedding.com

会場・カンパニー

RIVIERA TOKYO	TEL:03-3981-3231	http://www.riviera-i.jp
SEASIDE RIVIERA	TEL:0467-23-2211	http://www.riviera-z.jp
RIVIERA AOYAMA	TEL:03-5411-1140	http://www.riviera-a.jp
THE KAWABUN NAGOYA	TEL:052-222-7070	http://www.pds-w.com/kawabun
THE SODOH HIGASHIYAMA KYOTO	TEL:075-541-3333	http://www.pds-w.com/sodoh
WITH THE STYLE FUKUOKA	TEL:092-433-3939	http://www.pds-w.com/wts
THE LUIGANS	TEL:092-603-2345	http://www.pds-w.com/tlf
ORIENTAL HOTEL	TEL:078-326-1500	http://www.orientalhotel.jp
THE GARDEN PLACE SOSHUEN	TEL:078-851-9898	http://soshuen.jp/wedding
PARK WESTON	TEL:088-624-3333	http://parkweston.jp
AFFRANCHIR	TEL:025-539-0008	http://www.affranchir.cc
VILLA DOUX Inter Park	TEL:028-666-0800	http://www.villadoux-interpark.com
felizcreer La maison du mariage	TEL:0263-59-7120	http://www.felizcreer.com
那須高原ミッシェルガーデンコート	TEL:0287-76-7339	http://www.michaelresort.com
CANOVIANO CLASSICO	TEL:058-213-7488	
enjapan	TEL:03-3342-4385	http://wedding.en-japan.com
株式会社 ASWAVE	TEL:03-3467-0180	http://aswave.com

フラワー

MINI et MAXI	TEL:03-3445-5877	http://www.minietmaxi.co.jp
gaveta	TEL:078-222-2537	http://www.gaveta.jp
FUGA	TEL:03-5410-3707	http://www.fuga-tokyo.com
Order Made ma fleur		http://www.rakuten.ne.jp/gold/ma-fleur/shop/index.html
株式会社 日比谷花壇	TEL:092-282-2885	http://www.hibiyakadan.com
plus blue place	TEL:058-227-3158	http://plusblueplace.com
藤本生花店	TEL:088-652-0023	http://www.fujimotoseikaten.com/

ショップ

JOIE DE TREAT	TEL:078-333-5537	http://www.joiedetreat.jp
銀座・伊東屋	TEL:03-3561-8311	http://www.ito-ya.co.jp
naughty	TEL:03-3793-5113	http://www.naughtyyard.com
H.P.FRANCE BIJOUX	TEL:03-5778-2022	http://www.hpfrance.com/bijoux
Odette é Odile 銀座店	TEL:03-3562-8251	http://www.odette-e-odile.jp
エルメスジャポン	TEL:03-3569-3300	http://www.hermes.com
GENEVIEVE LETHU	TEL:03-3707-5778	http://www.lethu.jp
ASAHEI	TEL:03-3556-6539	http://www.asahei.com
Anniversary 青山店	TEL:03-3797-7894	http://www.anniversary-web.co.jp
la droguerie 表参道店	TEL:03-5410-2381	http://www.ladroguerie.jp

SMILE WEDDING
Lesson Note

Art Direction & Design	ワキリエ (Smile D.C.)
	イノウエタカヨ (Smile D.C.)
	オオモリサチエ (Smile D.C.)
Photographs	小林幹幸 (eg5 Management)
Styling	石井なお子 (HITCH)
	曲田有子
	田中美和子
Hair & Make up	ひとみりさ (BLANCO)
	二法田サトシ (LA DONNA)
	平元敬一 (BRAVO BRAVA)
	馬渡さやか (BLANCO)
Flower	林聡子 (MINI et MAXI)
Copy	堀梓
	原香織
	樋口歩 (文藝春秋)
Illustration	吉田具視
Book Materials Planning	浜野友樹 (文藝春秋)
Photographs	釜谷洋史 (文藝春秋) ＜ジュエリー商品＞
	深野未季 (文藝春秋) ＜撮影風景＞
	三浦英絵 (文藝春秋) ＜取材ページ商品＞
Models	Annie, Adriana, Julie, Valeria, Olya, Christina, Kristina T., Ana, Amina, Natalia, Kristina Tadic, Jessica C., Martina, Vaida, Jessica, Alexa, Kristine, Chin Kana, Viki, Megan, Laurent A., Miu, Kasia, Bruno P., Laszlo
Special Thanks	THE TREAT DRESSING 山城葉子さん＆皆さん、Plan Do See の皆さん、JUNO 阿部ゆう子さん、RIVIERA の皆さん、サミットフォーラム 一色卓丸さん、CANOVIANO CLASSICO 坂井誠さん、AVE STUDIO 高坂さん＆皆さん イアラ鈴木智子さん、美香さん、Merry・Marry 山本良浩さんを、PARK WESTON 岡本崇志さんをはじめ いつも一緒にお仕事をさせてもらっているクライアントの皆さんとのクリエイティブワークがあってこそ 『スマイルウエディング レッスンノート』を作ることができました。 また、わがままな私のオーダーを、想像以上に映画のワンシーンのような一瞬で撮ってくれる大切なパートナー、小林幹幸さん、ハンドメイドページやスタイリングアンティークなど、女の子心をくすぐるスタイリングが得意な石井なお子さん、こんなかわいいものをどこで探してくるのー？と、この本の表紙撮影の際にも驚きをくれたスタイリスト曲田有子さん、招待状のページなど、ユーモアとアイデアいっぱいで、見た人を笑顔にさせるスタイリングの田中美和子さん、どんな女の子も、ステキに輝かせる力のあるヘアメイクひとみりささん、どんなリクエストにも笑顔で最高のヘアメイクをしてくれる二法田サトシさん、独特の存在感とときめの細かいファッションメイクが素敵な平元敬一さん、いろいろなシチュエーションでベストを尽くしてくれるモデルの皆さんや、モデル事務所の方々。 撮りおろしのアンティークのフラワーデコレーションやブーケの撮影など、空気を纏うようなフラワーアレンジが素敵な林聡子さん、いつも、まとまりのない私の話を素敵な文章にしてくれる大切なパートナー、堀梓さん＆原香織さん、そして、私の大切な大切な仲間、ずっと私の右腕として支えてくれていて、クライアントからの信頼も厚いタカヨちゃん、センス抜群で今回アンティークのパートを見事にディレクションしてくれたサッチ、みんなを笑顔にしてくれる１歳の息子、駿太郎、どんな時もサポートしてくれる家族のみんな。 この本を素敵にするために、力を尽くしてくれた、文藝春秋、編集の樋口歩さん、資材部の浜野さん。 皆さんとのハッピークリエイティブの力によって『スマイルウエディング レッスンノート』は完成しました。皆様に感謝をこめて。

ワキリエ
株式会社 Smile D.C. 代表 ／クリエイティブ ディレクター

1971年生まれ。米国南オレゴン州立大学コマーシャルアート、グラフィックデザイン科卒。
帰国後、広告代理店を経て独立。
ウエディング・インテリアのブランディングやアートディレクションで
広告ビジュアルやカタログを手がける。現在は、ウエディング関連のコンサルティング、
ブランドディレクション、商品プロデュースなど活動の場を広げる。
著書に『スマイル ウエディング ブック』（文藝春秋）

Smile D.C.のウエディングプロジェクト
"スマイルウエディング ™"

スマイル D.C. ホームページ
www.smiledc-web.com

・・・・・・・・・・・・・・・・・・・・・・・・・・・・・・・・・・・・

スマイルウエディング レッスンノート

2010年3月25日　　第1刷発行
2012年3月10日　　第7刷発行

著者　　　ワキリエ

発行者　　藤田淑子

発行所　　株式会社　文藝春秋

〒102-8008　東京都千代田区紀尾井町3-23

電話　　　03-3265-1211

印刷所　　光邦

製本所　　大口製本

万一、落丁、乱丁の場合は送料当方負担でお取替えいたします。
小社製作部宛にお送りください。定価はカバーに表示してあります。

©Wakirie 2010　　Printed in Japan
ISBN978-4-16-372390-7